おうちごはんの大革命！

アイラップで簡単レシピ

橋本加名子

はじめに

私とアイラップの出会いは10年以上前、
アイラップファンの友人からのプレゼント。
「便利だから使ってみて。」と渡してくれた
オレンジ色の三角形の箱。

初めて使ってみたのは熱湯ボイルでサラダチキン。
本当に熱湯に入れてよいのかと半信半疑。
恐る恐る作ってみましたが、
ふっくら、やわらかく仕上がったときには
とても驚いたのを覚えています。
以来、我が家のキッチンの一部となったアイラップ。
調理の下処理、野菜の保存にも大活躍。
特に仕事でハーブをたくさん扱う私には
ハーブを長持ちさせてくれる大切な相棒です。

価格が手頃なのもありがたいし、
防災袋にも必ず入れている。
いざというときの強い味方でもあります。

この本で皆さんに少しでもアイラップの魅力が
お伝えできたらうれしいです。

橋本加名子

Contents

PART ① ラクラク！時短テク満載！アイラップでおいしい！ ワザありレシピ

ワザあり！その1 ひと皿ごはん

ワザあり！その2 2品献立

ワザあり！その3 野菜の下ゆでもアイラップで簡単！時短！

PART ② びっくり おいしい！アイラップでらくちん！ メインおかず

この本の決まり

● 材料に記した分量は、小さじ 1 ＝ 5㎖、大さじ 1 ＝ 15㎖、1 カップ＝ 200㎖、1 合＝ 180㎖です。1㎖＝ 1cc です。
● 電子レンジの加熱時間は、600W で使用した場合の目安です。機種によって多少違いがありますので、様子を見ながら調整してください。
● 保存期間は目安です。

アイラップは
こんなにすごい！

ちょっとレトロなパッケージの中身は、半透明のポリ袋。なのですが、
スーパーのサッカー台などで見かけるポリ袋とはお役立ち度に違い
あり！「物を入れる」だけにとどまらない、すごい活用法があるんです。

［アイラップとは？］

アイラップは、「袋のラップ」というキャッチフレーズでおなじみの、食品用ポリ袋。衛生的で料理や食品の保存にも安心です。薄手のポリエチレン製で、使いやすいサイズ感。それに加えてマチがあるのが、一般的なポリ袋にはないアイラップの特徴です。

［アイラップの特徴と実力］

● 使いやすいサイズでマチ付き

アイラップはスーパーなどでもらえるポリ袋とサイズは同程度ながら、「4cmのマチ」が付いているのがポイント。大きなものもラクに入れられ、閉じるときは口を結ぶだけ。保存容器のように場所をとらないのもストレスフリー。

1箱60枚入り！

長さ35cm

たっぷり入る！

← 幅25cm → マチ4cm

● 優れた耐久性で、レンジ&冷凍OK

アイラップは耐冷性・耐熱性に優れた高密度ポリエチレン製。丈夫で、電子レンジなどで加熱する場合は120℃以下なら耐えられます（オーブンなど、高熱器具では使用できません）。耐冷温度は−30℃だから、家庭用冷蔵庫の冷凍室に入れても大丈夫。食品のレンジ解凍にも冷凍保存にも適しています。

● コスパ面でも優秀です

特徴的な三角形の箱の中には、アイラップが60枚。価格は店舗により異なりますが、1箱200円弱のものが多めです。コスパ抜群で、気兼ねなく使えるのがうれしいところ！

料理がグンッとラクになる!!

湯せんで手間なし!
野菜の下ゆで→調理もレンジで時短!

アイラップは耐熱性なので湯せん調理が可能。材料を全部入れてゆでるだけだから簡単&失敗なし。鍋に材料を直接入れないので、鍋が汚れず、一緒に複数のおかずも作れて時短に。ポテサラのじゃがいもをチンしてそのままつぶしたいときもアイラップならお手軽!

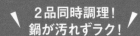
▼ 2品同時調理!
鍋が汚れずラク!

一緒に湯せん

▼ 下ゆでから調理まで一気にできる!

ポテサラも袋一つで作れる!

冷凍・冷蔵保存でも大活躍

食品の保存もアイラップで!
冷凍室に入れても大丈夫

野菜や料理が余ったときはアイラップに入れて口を結び、冷蔵室に入れて保存すればOK。保存容器のように後から洗ったりしなくていいのでラクチンです。もちろん、アイラップは冷凍室にも入れられるから、冷凍保存にも利用できます。保存容器より場所をとらないのもいいところ。

下味冷凍にも便利!

アイラップを使うメリットの中でも注目なのがこの2つ。下ごしらえや洗いものの手間が省けて時短になったり、調理がラク〜になったり。毎日の料理の負担が軽くなります！

混ぜたり、もんだり、下ごしらえは得意ワザ。手を汚さず調理できる！

手がベタベタになるハンバーグや肉だんご作りは、アイラップに材料を入れてもみ混ぜれば肉だね作りが完了！　手も汚れず、洗いものも減らせます。マリネや浅漬け作りも、アイラップに材料を入れて袋の上からもみもみするだけだからラクチン！

材料を入れて
もむだけ

手が汚れず、
洗いものも激減！

ボウル
不要！

ハンバーグも
手を汚さずに
作れる！

Topic

災害時にも役立つと注目されています

電気や水道などライフラインが止まったときでも温かい食事が食べられるポリ袋調理に注目が集まる中、耐熱性のポリ袋、アイラップが話題です。本書ではアイラップメーカーによる炊飯法（P120）や、備蓄品を使った災害時でも作れるレシピ（P122）も紹介しています。

袋ごと盛れば
洗いものナシ

湯せん調理の
キホン

アイラップを使った

1 下ごしらえを
する

2 アイラップに材料を
入れ、口を結ぶ

 →

レシピに従って材料をカットします。下味をつけたり、粉をまぶしたりする必要があるものは、それもやっておきましょう。

アイラップに材料を入れます。湯せんで加熱しているときに袋に湯が入ったり、中身がこぼれ出たりしないように、下記の要領で口を結びます。

POINT 1 袋の空気を抜いて上のほうで結ぶ

ゆでたときに浮かないよう、また調味料がよく行き渡るよう空気を抜き、（加熱するとふくらんでくるので）先をくるくるとねじって上のほうで結びます。

間接的にじっくり加熱するので少し時間は
かかりますが、食材から出た水分が蒸気と
なり、袋の中で蒸されるので肉も魚もふっく
ら仕上がります。肉じゃがやブイヤベースな
ども、作り方は簡単なのに、おいしくできます。

3 耐熱皿を敷いて湯せんする

味しみ肉じゃが
作り方は P61

深鍋に八分目ほど水を入れ、袋が高温の鍋底
に触れないように耐熱皿を敷きます。湯を沸か
し、2を鍋肌に触れないようにして入れ、加熱
時間を守って中火で湯せん加熱します。

★袋を取り出すときや、口を開けるときは、
やけどに注意してください。

加熱ムラのないよう、ときどき上下を返す POINT 2

途中で上下を返しながら加熱し、まんべ
んなく火を通します。ゆで豚（P59）やミー
トローフ（P64）など、厚みのあるものは
忘れずに行い、中まで火を通して。

盛りやすいよう口をカット POINT 3

湯せんした料理を盛るときは、
キッチンばさみで袋の口を切っ
て開けるとスムーズ。袋は熱く
なっているので注意して。

アイラップを使った

電子レンジ調理のキホン

1 野菜の下ごしらえをする

レシピに従って野菜を切ります。熱が均一に通るよう、形や大きさをそろえて切るのがポイント。水洗いしたときの水けは残しておきます。

2 アイラップに1を入れる

切った野菜をアイラップに入れます。じゃがいもやかぼちゃなど、水分が少なめの野菜には、少量の水を加えると、加熱しすぎや焦げつきを防げます。

 油分の多いものは加熱しない

7ページでも記載したとおり、アイラップの耐熱温度は120℃以下です。油分が多くて加熱するとそれ以上の温度になる可能性があるものは、絶対に加熱しないでください。

袋の口は絶対に結ばずに、ふんわりねじって加熱を 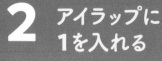 POINT 1

レンジ加熱すると、野菜から出る蒸気で袋がふくらみます。口を結ぶと破裂してしまうので蒸気を適度に逃がせるよう、口は結ばず、上のほうで軽くねじってください。

蒸し野菜や、野菜の下ゆではアイラップ×レンチンで。時短になるうえ、野菜のうまみを逃さず、栄養もキープできると、いいことずくめ!

※ 加熱するとき、口は結ばない

3 耐熱皿にのせ、レンジ加熱する

蒸しブロッコリー
→ 作り方は P54

袋の先を軽くねじり、耐熱皿にのせます。レンジでレシピの加熱時間を守って加熱。加熱時間は使用機種や野菜の状態によって違うので様子を見ながら調節を。

★取り出すときや、袋を開けるときは、やけどに注意してください。

調味料は
加熱後に加える

POINT 2

塩分や糖分は、電子レンジで加熱すると沸点が上昇するため、塩や砂糖、みりんなどの調味料をレンジで加熱することは避けてください。野菜のみをアイラップでレンジ加熱し、そのあとに調味料を加えてあえたり、もんだりするようにしましょう。

うまだれキャベツ (P33)

加熱前

キャベツを
レンチン♪

↓

調味料を混ぜて完成!

こんなクッキング便利テクも!

粉をまぶすのも
ラクラク

食材に粉をまぶすときは、アイラップに食材と粉を入れ、袋に空気を入れて口を持ち、ふればOK。きれいにまぶせて手も汚れずラクチン。

ふりふり
するだけ

肉だねも
しぼり出そう

肉だんごなどは、アイラップに材料を入れて混ぜ、袋の片方の隅を切って、そこから好みの大きさに肉だねをしぼり出すだけ。手が汚れません!

手が
汚れない

使用している道具

トング

湯せんの際、アイラップの上下を返したり、取り出したりするときに使用。袋を傷つけないよう先がシリコン製のものが○。

深さのある鍋

湯せん調理には、材料を入れたアイラップが鍋肌につかない大きさで、深さのある鍋を使います。本書では直径24cmの深鍋を使用しています。

シリコン製へら・スプーン

シリコン製なら軽くて使いやすく、アイラップの中で混ぜても傷つく心配が少なめ。先がとがったものは避けたほうが安心です。

直径 25cm ┃ 直径 21cm

耐熱ボウル・耐熱皿

レンジで加熱するときは必ず耐熱皿を使います。本書では直径25cmのものを使用。スパニッシュオムレツなどの成形には直径21cmの耐熱ボウルを活用しています。湯せんするときは、鍋のサイズよりひと回り小さい耐熱皿を使います。

アイラップミニ

小さめサイズのアイラップは、小分け保存するときや、少量の料理を調理したり、保存したりするときに使いやすくておすすめ。約25×11cm（マチ4cm）／30枚入り／ポリエチレン製。

アイラップ100

アイラップの表面にエンボス加工を施したタイプで、取り出しやすさ、持ちやすさ、開きやすさがアップ。100枚入りと大容量。約35×25cm（マチ付き）／100枚入り／ポリエチレン製。

アイラップ スライドジッパーNEO

冷凍保存からレンジでの解凍までOK。スタンドタイプなので旅行やアウトドアでの小物入れにも便利。約16×20.5cm（マチ2cm）／10枚入り／本体、スライダー部：ポリエチレン製、ツマミ：ABS樹脂製。

アイラップ WジッパーNEO

ダブルジッパーで密封性がアップ。カレーなど汁けのあるものの冷凍にも◯。横にしても積み重ねても大丈夫。バッグごとレンジ解凍や流水解凍もOK。約22×18cm／15枚入り／ポリエチレン製。

おにぎりぽっけ

三角のおにぎりが手を汚さずに簡単に作れるポケット形状のシート。ごはんを入れたら、にぎると包むが一度にでき、文字が書ける袋留めシール付きで便利。約16×16cm／30枚入り／ポリエチレン製。

なんでもシート
なんでもシートミニ

まな板への汚れやニオイ、色移り対策に、トレイに敷いて洗い物の軽減にと幅広く使える便利シート。なんでもシート：約30×45cm／50枚入り、なんでもシートミニ：約22.5×30cm／70枚入り／ともにポリエチレン製。

この本の使い方

[調理の際の注意点]

● 鍋で湯せん調理をする場合は、必ず鍋底に耐熱皿を敷き、アイラップが直接、鍋底に触れるのを防いでください。鍋肌にも触れないように気をつけます。

● 湯せん調理の際は、アイラップの中身がこぼれたり、中に湯が入らないよう、ねじるようにして上のほうを結んでおきましょう。

● 油分の多いものは、アイラップに入れて電子レンジで加熱することはできません。120℃を超えると、アイラップが破損したり、溶け出したりする危険性があり、やけどの原因になります。

● アイラップを密封して電子レンジで加熱すると破損する恐れがあります。加熱する際は、口は結ばず、軽くねじるだけにしてください。

● 湯せんや電子レンジで加熱した際、袋を取り出すときや開けるときは熱いのでやけどに注意してください。

● アイラップに食材を入れて冷凍するとき、ぴっちり密封すると、食材の水分が膨張するため、マチが破れる場合があります。食材を入れたら軽く空気を抜き、先をねじるようにして結び、袋の中のスペースに余裕をもたせて冷凍してください。鶏肉などの水分を多く含む食材や、汁けの多いものを冷凍する場合は、アイラップを二重にすると安心です。

● アイラップで冷凍したものをレンジで解凍するときに、袋がくっついた状態で凍ってしまい、口を開けられない場合は、はさみで口を切ってから解凍してください。

● 本書に記載されている調理方法以外の方法では安全性の保証ができないため、事故が生じた場合であっても、当社は責任を負いかねます。

● W 数別加熱時間目安表

この本の電子レンジの加熱時間は、600W の場合です。お使いの電子レンジが 500W、または 700W の場合は、右記の時間を参照し、目安にしてください。

500W	600W	700W
40 秒	30 秒	25 秒
1 分 50 秒	1 分 30 秒	1 分 20 秒
2 分 20 秒	2 分	1 分 40 秒
3 分 40 秒	3 分	2 分 30 秒
4 分 10 秒	3 分 30 秒	3 分
4 分 50 秒	4 分	3 分 30 秒
6 分	5 分	4 分 20 秒

PART 1

ラクラク！
時短テク満載！

アイラップでおいしい！
- - - - - - - - - - - - - - - - -
ワザありレシピ

「袋のラップ」がキャッチフレーズのアイラップを使った、ワザありメニューをご紹介。1人分にちょうどいい麺やごはんものから、主菜と副菜が同時に作れる2品献立など、ポリ袋で作ったとは思えない料理が勢ぞろい。

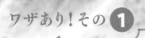
アイラップまかせでラクラク！

ひと皿ごはん

万能ポリ袋・アイラップにすべての材料を入れて湯せんで加熱するだけで、
パスタや丼もの、ワンプレートごはんが完成！
1人分のランチや、子どもの塾前ごはんなどにピッタリです。

パスタは別ゆで不要＆
具を炒める手間もなし。
袋一つで作れるから
忙しいとき、へとへとのときの
頼もしい味方に！

コクたっぷり、懐かし味のナポリタン

材料｜1人分

スパゲッティ（ゆで時間3分のもの）… 100g
ウインナーソーセージ … 4本
玉ねぎ … 1/4個
ピーマン … 1/2個
湯 … 150mℓ
オリーブ油 … 小さじ1
トマトケチャップ … 大さじ3
ウスターソース … 大さじ1
しょうゆ … 小さじ1
こしょう … 少々

湯せんで

10分

加熱前

作り方

① ソーセージは5mm幅の斜め切りにする。玉ねぎ、ピーマンは繊維を断つように7～8mm幅に切る。

② スパゲッティは半分に折ってアイラップに入れ、湯、オリーブ油を加えてから残りの材料を加える。

③ 袋の空気を抜いて先をねじり、上のほうで結ぶ。耐熱皿を敷いて湯を沸かした鍋に入れ、湯せんで10分ゆでる。全体を混ぜて器に盛り、好みで粉チーズをかける。

POINT

早ゆでタイプのロングパスタなら、加熱時間が短くてアイラップ調理向き。袋にすっぽり入るよう半分に折って入れる。

鶏ガラスープやごま油のコクで、
あっさりめながらうまみ十分!
材料を全部入れて鍋まかせで
作れる手軽さも◎。

リピ必至！
さっぱり塩焼きそば

材料｜1人分

焼きそば用中華麺 … 1 玉
豚バラ薄切り肉 … 3 枚
にんじん … 1/6 本
長ねぎ … 1/3 本
┌ 顆粒鶏ガラスープの素 … 小さじ 2
A 塩、こしょう … 各少々
└ ごま油 … 大さじ1
白いりごま … 適量

湯せんで

12 分

加熱前

作り方

1 豚肉は1cm幅に切る。にんじんはせん切り、長ねぎは斜め薄切りにする。

2 中華麺は袋の上からほぐしてアイラップに入れ、豚肉、にんじん、長ねぎ、A を加える。

3 袋の空気を抜いて先をねじり、上のほうで結ぶ。耐熱皿を敷いて湯を沸かした鍋に入れ、湯せんで 12 分ゆでる。器に盛って白ごまをふる。

> #### アレンジ recipe
>
> にんじんの代わりににらやピーマンの細切りを使って、グリーン系の焼きそばに。豚バラ肉を豚こまにしたり、ソーセージにしても手軽。

火加減がポイントの親子丼も、
湯せん調理なら難しいことなし！
熱湯を介して間接的に火が
入るので、ふんわり、とろとろに。
料理初心者も失敗なく作れます。

22

ふわとろ卵の
ラクチン親子丼

材料｜1人分

鶏もも肉 … 1/4 枚
玉ねぎ … 1/6 個
A 「 めんつゆ（3 倍濃縮）… 50㎖
  └ 水 … 100㎖
卵 … 3 個
ごはん … どんぶり 1 杯分
三つ葉 … 適量

湯せん
で
20
分
加熱前

作り方

① 鶏肉は 1.5cm 角程度に切る。玉ねぎは繊維を断つように7〜8㎜幅に切る。

② アイラップに①、A を入れてもみこむ。卵を割り入れ、もみながら卵をくずす。

③ 袋の空気を抜いて先をねじり、上のほうで結ぶ。耐熱皿を敷いて湯を沸かした鍋に入れ、湯せんで 20 分ゆでる。

④ どんぶりにごはんを盛って③をのせ、三つ葉を添える。

POINT

いつもは鶏肉を煮てから卵でとじるところを、アイラップに具材と調味料を全部入れて湯せんするだけだから、とても簡単！

タイ料理の人気のごはんメニューも
アイラップにおまかせ。
米や鶏肉を入れ、
湯せんで加熱するだけで
本格的な味に仕上がります。

鶏のうまみじ〜んわり
カオマンガイ

材料 | 2人分

無洗米 … 1合

A
┌ 水 … 200㎖
└ 酒 … 大さじ1

鶏もも肉 … 1枚

B
┌ しょうが（薄切り）… 3枚
└ パクチーの根…あれば1本分

ソース
┌ しょうが（すりおろし）… 1かけ分
│ にんにく（すりおろし）… 1かけ分
│ みそ、しょうゆ、きび砂糖 … 各大さじ1/2
│ 酢 … 小さじ2
│ レモン汁 … 小さじ1
│ 青唐辛子（みじん切り）… あれば1本分※
└ 水 … 大さじ1

パクチー、きゅうり…各適量
※ 青唐辛子がなければ一味唐辛子適量で代用。

湯せん
で

40
分

加熱前

作り方

① アイラップに無洗米とAを入れて20分以上おく。

② 鶏肉はフォークなどで数か所穴を開けて①の米の上にのせ、Bも加える。

③ 袋の空気を抜いて先をねじり、上のほうで結ぶ。耐熱皿を敷いて湯を沸かした鍋に入れ、ときどき返しながら湯せんで40分ゆでる。

④ 鶏肉を取り出して食べやすく切る。ごはんは混ぜて器に盛り、鶏肉をのせてパクチー、斜め薄切りにしたきゅうりを添え、ソースの材料をよく混ぜて添える。

POINT

炊飯器で炊くときと同様に、米は水に20分ほど浸してから加熱したほうが、芯が残らずおいしく炊き上がる。

手羽元のうまみがごはんに
しみこみ、ポリ袋で作ったとは
思えないでき栄えです。

ビリヤニ風ライス

湯せん
で
40
分

加熱前

材料 | 2人分

無洗米 … 1合
水 … 200㎖
玉ねぎ… 1/4 個（60g）
トマト… 1/4 個
プレーンヨーグルト … 大さじ 3
鶏手羽元 … 4 本
　┌ にんにく（みじん切り）… 1 かけ分
　│ しょうが（みじん切り）… 1 かけ分
A │ カレー粉 … 大さじ 1
　│ クミンシード、塩 … 各小さじ 1
　└ こしょう、好みでチリパウダー… 各少々
レモン（くし形切り）、スペアミント… 各適量

作り方

1 アイラップに無洗米と水を入れて 20
分以上おく。

2 ①に薄切りにした玉ねぎ、粗みじん切
りにしたトマト、ヨーグルト、Aを加えて
もみこみ、鶏手羽元も加えて軽くもむ。

3 袋の空気を抜いて先をねじり、上のほ
うで結ぶ。耐熱皿を敷いて湯を沸か
した鍋に入れ、ときどき返しながら湯
せんで 40 分ゆでる。全体を混ぜて
器に盛り、レモンとミントを添える。

パスタと具を一緒に加熱するから、
具のうまみがパスタにからみ
クリーミーな口当たりに。

ベーコンとまいたけの
クリームパスタ

湯せん
で

10
分

加熱前

材料｜1人分

スパゲッティ（ゆで時間3分のもの）
　… 100g
玉ねぎ … 1/6 個
薄力粉…小さじ2

A ┌ 湯 … 100㎖
　│ 顆粒コンソメスープの素 … 小さじ1
　│ 牛乳 … 250㎖
　│ ベーコン（1cm幅に切ったもの）… 3 枚分
　│ まいたけ（粗くほぐしたもの）
　└ 　… 1/3 パック分
粉チーズ … 大さじ2
粗びき黒こしょう … 適量

作り方

1. アイラップに薄切りにした玉ねぎと薄力粉を入れ、袋をふって玉ねぎに粉をまぶす。スパゲッティを半分に折って加え、**A**の材料を順に加える。

2. 袋の空気を抜いて先をねじり、上のほうで結ぶ。耐熱皿を敷いて湯を沸かした鍋に入れ、湯せんで10分ゆでる。

3. 取り出して粉チーズを加え、全体を混ぜて器に盛り、黒こしょうをふる。

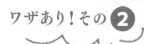

アイラップ × 同時調理 で 手間なし！ 時短！

2品献立

主菜と副菜の材料をそれぞれアイラップに
入れて一緒に湯せんすればラクチン！
袋で下ごしらえし、フライパンとレンジの
同時進行で作ればスピーディー！
洗いものもぐんと減ります！

トマト缶を使ったカレーと
相性抜群です。

トマト缶を加え、
食べやすい辛うま味に。

28

カレー好き必食！
キーマカレー献立

ひき肉のうまみを含んだピリッと辛いカレーと、それにぴったりの
さわやかスープのコンビ。材料を全部入れて湯せんするだけでどちらも納得の味。

キーマカレー

主菜

材料｜2人分

豚ひき肉 … 200g
玉ねぎ（みじん切り）… 1/4 個分
にんにく（みじん切り）… 1 かけ分
しょうが（みじん切り）… 1 かけ分
サラダ油 … 小さじ 2

A ┌ カレー粉 … 大さじ 2 と 1/2
  │ 酒、しょうゆ、ウスターソース、
  │   トマトケチャップ … 各大さじ 2
  │ 砂糖 … 小さじ1
  │ トマト缶（カットタイプ）
  └   … 1/2 缶（200g）

ごはん … 茶碗 2 杯分
ゆで卵 … 1 個

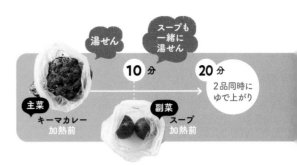

湯せん
スープも一緒に湯せん

10 分　　**20 分**
2品同時にゆで上がり

主菜
キーマカレー
加熱前

副菜
スープ
加熱前

作り方

1. アイラップに玉ねぎ、にんにく、しょうが、サラダ油を入れてもみこみ、ひき肉と A を加えてさらにもむ。

2. 袋の空気を抜いて先をねじり、上のほうで結ぶ。耐熱皿を敷いて湯を沸かした鍋に入れ、ときどき返しながら湯せんで 20 分ゆでる。

3. 器にごはんを盛り、全体を混ぜた②をかける。殻をむいて輪切りにしたゆで卵をのせる。

まるごとトマトの
スープ

副菜

材料｜2人分

トマト … 2 個

A ┌ 水 … 400ml
  └ 顆粒鶏ガラスープの素 … 小さじ 2

パセリ（みじん切り）… あれば少々

作り方

1. アイラップに A を入れ、トマトのへたを除いてまるごと加える。

2. 袋の空気を抜いて先をねじり、上のほうで結ぶ。キーマカレーと同じ鍋に入れ、一緒に湯せんで 10 分ゆでる。器に盛り、あればパセリをのせる。

29

シンプルな味つけで
きのこのうまみを
引き出します。

焼かないからフワフワ。
甘めのソースが相性◎。

甘めソースで味わう
ハンバーグ献立

肉のうまみとケチャップ風味のソースがよく合うやさしい味のハンバーグ。
肉だね作りはもちろん、成形から加熱までアイラップだけで完了！

主菜

ハンバーグ

材料｜2人分

合いびき肉 … 300g
玉ねぎ（みじん切り）… 1/4 個分
サラダ油 … 小さじ 1

A
 ┌ 溶き卵 … 1/2 個分
 │ パン粉 … 1/2 カップ
 │ 塩、こしょう … 各少々
 └ ナツメグ … あれば少々

B
 ┌ トマトケチャップ、ウスターソース
 │   … 各大さじ 2
 └ しょうゆ … 大さじ 1/2

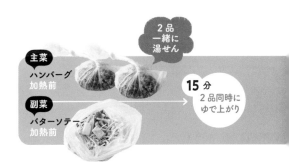

2 品
一緒に
湯せん

主菜
ハンバーグ
加熱前

副菜
バターソテー
加熱前

15 分
2 品同時に
ゆで上がり

作り方

1 アイラップ 2 枚に玉ねぎとサラダ油を半量ずつ入れてよくもむ。油がなじんだら、ひき肉とAを半量ずつ加え、再びよくもむ。

2 ①をハンバーグ状に丸く成形する。袋の空気を抜いて先をねじり、上のほうで結ぶ。耐熱皿を敷いて湯を沸かした鍋に入れ、ときどき返しながら湯せんで 15 分ゆでる。

3 器に盛り、よく混ぜたBをかける。

POINT

肉だねを混ぜるのも、成形もアイラップに入れたまま。袋の上から肉だねをハンバーグ形に整える。

副菜

きのこの
バターソテー

材料｜2人分

しめじ、えのきたけ … 各 1 パック

A
 ┌ バター … 10g
 └ 塩、こしょう … 各少々

作り方

1 しめじは石づきを切り落とし、えのきたけは石づきを切り落として半分に切る。アイラップに入れてほぐし、Aを加える。

2 袋の空気を抜いて先をねじり、上のほうで結ぶ。ハンバーグと同じ鍋に入れ、一緒に湯せんで 15 分ゆでる。器に盛り、好みでパセリのみじん切りを散らす。

ごはんが進む！
豚のしょうが焼き献立

しょうが焼きはアイラップに材料を入れてもみもみし、
フライパンでジャッと焼くだけ。味も一発で決まります。
同時進行でキャベツをチン→調味料を混ぜたら満足ごはんの完成。

ごま油＋鶏ガラスープの
箸が止まらなくなる味。

玉ねぎも一緒に
加熱するから、
うまみ＆甘み十分。

| | | | |
|主菜
しょうが焼き
加熱前| |アイラップで
もみ混ぜる →|フライパン
で焼く|
|副菜
うまだれキャベツ
加熱前|レンジ
で
2
分|→|調味料を
混ぜる|

主菜

豚のしょうが焼き

材料｜2人分

豚しょうが焼き用肉 … 6枚
玉ねぎ … 1/4個
　┌ しょうゆ … 大さじ1と1/2
　│ 酒 … 大さじ1
A│ 砂糖 … 小さじ1
　└ しょうがのしぼり汁 … 少々
サラダ油… 小さじ2

作り方

① 玉ねぎは繊維を断つように5mm幅に切り、豚肉とともにアイラップに入れ、Aを加えてもむ。

② フライパンにサラダ油を温め、①を入れて中火で焼く。

副菜

うまだれ
キャベツ

材料｜2人分

キャベツ…4枚
　┌ ごま油 … 大さじ1
A│ 顆粒鶏ガラスープの素 … 小さじ2
　└ 粗びき黒こしょう … 少々

作り方

① キャベツは太めのせん切りにする。

② アイラップに①を入れ、袋の先をねじって耐熱皿にのせ、電子レンジで2分加熱する。

③ 取り出してAを混ぜる。

食感がよく、
噛むほどに甘みが
増します。

牛肉にたれを
よくもみこんで、
満足味に。

ラクラク、本格、
プルコギ献立

アイラップを活用すれば、人気の韓国料理も、もんで炒めるだけと
手早く、おいしく作れます。野菜をムリなく、たっぷりとれるのも◎。

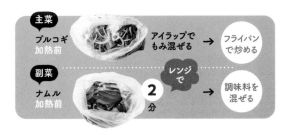

プルコギ

材料│2人分

牛切り落とし肉 … 200g
にら … 1/2 束
にんじん … 1/4 本
玉ねぎ … 1/2 個
A┌ にんにく（すりおろし）… 1かけ分
 │ しょうゆ … 大さじ1と1/2
 │ 酒、ごま油 … 各大さじ1
 └ 砂糖 … 大さじ1/2
サラダ油… 小さじ2

作り方

1 にらは4cm長さに切る。にんじん
　はせん切り、玉ねぎは薄切りにする。

2 アイラップに牛肉とAを入れてもみ、
　①を加えて混ぜる。

3 フライパンにサラダ油を温め、②
　を入れて中火で炒める。

副菜

小松菜のナムル

材料│2人分

小松菜 … 1/2 束
A┌ ごま油 … 小さじ2
 │ 顆粒鶏ガラスープの素 … 小さじ1
 │ 塩 … 小さじ1/3
 └ 黒いりごま … 小さじ2

作り方

1 小松菜は3cm長さに切ってアイ
　ラップに入れ、袋の先をねじっ
　て耐熱皿にのせ、電子レンジ
　で2分加熱する。

2 取り出してAを混ぜる。

おかかじょうゆを
もみこんで食べやすく。

ピーマンのおかかあえ

甘めのしょうゆ味がからみ、
やわらかな仕上がり。

さけの照り焼き

さけの照り焼き献立

作り方は38ページ

ポークチャップ
献立

作り方は39ページ

アイラップ調理で、
定番おかずが
ますます手軽。

いんげんの
ごまあえ

ポークチャップ

箸が進む、ケチャップ
&ソースの味つけ。

🎀 さけの照り焼き献立

さけを先に加熱し、ピーマンを後入れして同時にゆで上げます。
ピーマンは丸ごと使い、包丁いらずで立派な献立が完成！

湯せん
ピーマンも一緒に湯せん

10 分　**15** 分

2品同時にゆで上がり

主菜
照り焼き
加熱前

副菜
おかかあえ
加熱前

主菜

さけの照り焼き

材料｜2人分

生ざけ … 2切れ
塩 … 少々
A ┌ しょうゆ … 大さじ1
　├ 砂糖、酒 … 各大さじ1/2
　└ みりん … 小さじ1/2

作り方

① さけに塩をふって5分おき、出てきた水けをペーパータオルでふき取る。

② アイラップに①とAを入れ、袋の空気を抜いて先をねじり、上のほうで結ぶ。耐熱皿を敷いて湯を沸かした鍋に入れ、湯せんで15分ゆでる。

副菜

ピーマンのおかかあえ

材料｜2人分

ピーマン … 4個
A ┌ 削り節 … 小1袋（1.5g）
　└ しょうゆ … 小さじ1

作り方

① ピーマンは爪で穴を開けてアイラップに入れる。袋の空気を抜いて先をねじり、上のほうで結ぶ。さけの照り焼きと同じ鍋に入れ、一緒に湯せんで5分ゆでる。

② ①の粗熱をとり、Aを加えて軽くもむ。

POINT

ピーマンはそのまま加熱すると破裂することがあるので、加熱前に1か所、爪で穴を開けておくとよい。

❝ ポークチャップ献立

しょうが焼き用の厚めの豚肉を使うから、食べごたえ十分。
いんげんの副菜を添えると彩りも楽しめるメニューに。

湯せん

いんげんも
一緒に
湯せん

5分 **10**分

2品同時に
ゆで上がり

主菜
ポークチャップ
加熱前

副菜
ごまあえ
加熱前

主菜

ポークチャップ

材料 | 2人分

豚しょうが焼き用肉…6 枚
玉ねぎ…1/4 個
ピーマン…1 個
A ┌ トマトケチャップ…大さじ 3
　└ ウスターソース、酒…各大さじ1

作り方

① 玉ねぎは繊維を断つように 5mm幅
に切る。ピーマンは縦半分に切っ
て種とへたを取り、横に 5mm幅に
切る。

② アイラップに豚肉とAを入れてもみ
こみ、①を加える。袋の空気を抜
いて先をねじり、上のほうで結ぶ。
耐熱皿を敷いて湯を沸かした鍋
に入れ、湯せんで 10 分ゆでる。

副菜

いんげんの
ごまあえ

材料 | 2人分

さやいんげん…10 本
A ┌ 白すりごま…大さじ 1
　│ しょうゆ…大さじ 2/3
　└ 砂糖…小さじ 2/3

作り方

① いんげんは4cm長さの斜め切り
にし、アイラップに入れる。袋
の空気を抜いて先をねじり、上
のほうで結ぶ。ポークチャップ
と同じ鍋に入れ、一緒に湯せ
んで 5 分ゆでる。

② 取り出してAを加え、袋ごともむ
ようにしてあえる。

ソースとおかずを
アイラップで同時調理！

ポン酢ベースのジュレ、バーニャカウダソースなどの
おしゃれなソースもアイラップで簡単に作れます。
ぴったりのおかずと一度に完成するスゴ技レシピです。

蒸し鶏のポン酢風味
ジュレソースがけ

コクがあってジューシーなもも肉で蒸し鶏を作り、
プルプルのポン酢のジュレをかけて、さっぱりといただきます。

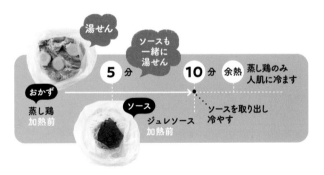

湯せん

ソースも
一緒に
湯せん

5 分　　**10** 分　余熱　蒸し鶏のみ
人肌に冷ます

おかず

蒸し鶏
加熱前

ソース　ジュレソース
　　　　加熱前

ソースを取り出し
冷やす

蒸し鶏

材料｜2人分

鶏もも肉 … 1枚
しょうが（薄切り）… 3枚
酒 … 大さじ1
きゅうり … 適量

ジュレソース

材料｜2人分

ポン酢しょうゆ … 大さじ3
水 … 大さじ2
粉ゼラチン … 3g

作 り 方

① アイラップに鶏肉、しょうが、酒を
入れ、袋の上からよくもむ。

② 別のアイラップにジュレソースの水
とゼラチンを入れてよくもみ、ポン
酢を加えてさらにもみ、ゼラチン
を溶かす。

③ それぞれの袋の空気を抜いて先を
ねじり、上のほうで結ぶ。

④ 耐熱皿を敷いて湯を沸かした鍋
に鶏肉の袋を入れ、湯せんでゆ
でる。5分たったら、ジュレソース
の袋を鍋に入れ、さらに5分ゆ
でる。鶏肉はそのまま人肌になる
まで冷まし、ソースは取り出して粗
熱がとれたら冷蔵室で冷やす。

⑤ きゅうりはめん棒などでたたいて
割れ目を入れ、手で裂く。鶏肉を
食べやすく切って器に盛り、きゅう
りを添え、ジュレソースをくずして
かける。

濃厚ソースの
エッグベネディクト

プルンプルンのポーチドエッグを
アイラップを使って作り、
仕上げに卵黄と生クリームのなめらかな
オランデーズソースをトロ〜リと。

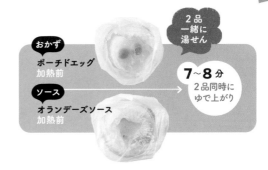

おかず
ポーチドエッグ
加熱前

ソース
オランデーズソース
加熱前

2品
一緒に
湯せん

7〜8分
2品同時に
ゆで上がり

ポーチド
エッグ

材料｜2人分

卵 … 2個

A ┌ 水 … 200㎖
└ 酢 … 小さじ1

イングリッシュマフィン
　 … 1個

ロースハム … 4枚

オランデーズ
ソース

材料｜2人分

卵黄 … 1個分

B ┌ 生クリーム … 100㎖
├ レモン汁 … 小さじ1
└ 塩 … 小さじ1/3

粗びき黒こしょう … 適量

作り方

1 ボウルにアイラップを開き、中に**A**を入れて卵を割り入れる。袋の空気を抜いて先をねじり、上のほうで結ぶ。

2 別のアイラップにオランデーズソースの卵黄を入れて袋の上からつぶす。**B**を加えてつぶすようにさらに混ぜ、袋の空気を抜いて先をねじり、上のほうで結ぶ。

3 耐熱皿を敷いて湯を沸かした鍋に①と②を入れ、湯せんで7〜8分ゆでる。

4 イングリッシュマフィンは厚みを半分に割ってオーブントースターで焼き、ハムを2枚ずつのせ、卵を水けをよくきってのせる。ソースをかけて黒こしょうをふる。

バーニャカウダ

野菜をおいしく食べられる
イタリアンの前菜としておなじみ。
うまみのもとのソースを作るなら、
アイラップを使うととても手軽!

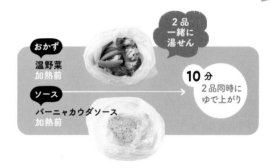

おかず
温野菜
加熱前

ソース
バーニャカウダソース
加熱前

2品
一緒に
湯せん

10分
2品同時に
ゆで上がり

温野菜 ｜ バーニャカウダソース

温野菜

材料｜2人分

ブロッコリー … 6 房
スナップえんどう
　… 6 本

バーニャカウダソース

材料｜2人分

にんにく（すりおろし）
　… 2 かけ分
アンチョビ … 4 切れ
┌ オリーブ油、粉チーズ
│　… 各大さじ 3
A│ 生クリーム … 100mℓ
└ 黒こしょう … 適量

作り方

1 ブロッコリー、筋を取ったスナップえんどうは水にさっとくぐらせ、水けをきらずにアイラップに入れる。袋の空気を抜いて先をねじり、上のほうで結ぶ。

2 別のアイラップににんにくとアンチョビを入れ、袋の上からもんでアンチョビをくずし、Aを加えてもむように混ぜる。袋の空気を抜いて先をねじり、上のほうで結ぶ。

3 耐熱皿を敷いて湯を沸かした鍋に①と②を入れ、湯せんで 10 分ゆでる。

下ごしらえから調理まで一気にできる！

野菜の下ゆでも
アイラップで簡単！時短！

材料の下ごしらえは、万能ポリ袋・アイラップが得意とするところ！
よく使う野菜を簡単に加熱する方法と、
それを使ったアレンジレシピをご紹介します。

じゃがいも
2個（240g）
の場合

レンジ
で

5分

加熱前

じゃがいもで

じゃがいもの基本の蒸し方

鍋でゆでるより、グンと時短で水っぽくならず、ホクホクに蒸し上がります。

①

小さめに切る

じゃがいも2個は皮をむいて小さめのひと口大に切る。

②

袋に入れ、水を加える

アイラップに①を入れ、水小さじ2を加える。

③

レンジで加熱し、塩を混ぜる

袋の先をねじって耐熱皿にのせ、電子レンジで5分加熱する。塩小さじ1/4を混ぜる。

◥ 蒸しじゃがいもの完成 ◤
**ホックホクに
蒸し上がり！**

人気おかずが
アイラップ1枚で、でき上がり！
じゃがいもはつぶしすぎず、
ホクホク感を楽しんで。

レンジ
で

3分 30秒 →

加熱前

レンジ
で

1分 30秒

にんじんをIN

cooking ①

基本の
ポテトサラダ

材料│2人分

蒸しじゃがいも（左ページ）の材料
　… 全量
きゅうり … 1/4 本
にんじん … 3cm
ロースハム … 3 枚

A
┌ マヨネーズ … 大さじ 2
│ 酢 … 小さじ 2
│ 塩 … 小さじ 1/4
└ こしょう … 少々

作り方

① きゅうりは薄い輪切りにし、塩少々（分量外）を
まぶして 5 分おき、水けをしぼる。にんじんは薄
いいちょう切り、ハムは小さめの短冊切りにする。

② 蒸しじゃがいもの作り方（左ページ）①〜③の要
領で、電子レンジで 3 分 30 秒加熱したら、取
り出してにんじんを加え、再び袋の先をねじって
1 分 30 秒加熱し、塩小さじ 1/4 を混ぜる。

③ ②の粗熱がとれたら、きゅうり、ハム、Aを加え、
アイラップの中でよく混ぜ合わせる。

POINT

じゃがいもを加熱する途
中でにんじんを加えて一緒
に加熱。残りの具と調味
料を袋の中で混ぜる。

47

ポテサラバリエ
蒸しじゃがいもを使って

じゃがいもの蒸し方は基本と一緒。
具と味つけを変えて、レパートリーを増やしましょう。

アボカド効果で
クリーミー。ハムも
加えてうまみたっぷり。

アボカド入りポテサラ

スパイシーな味と
ツナのうまみで、
箸が止まらない!

カレーポテサラ

クリームチーズを
加え、コクと
なめらかさをアップ。

マッシュポテト風ポテサラ

cooking ②

アボカド入りポテサラ

材料｜2人分

蒸しじゃがいも（P46）… 全量
ロースハム … 3枚
アボカド … 1個
レモン汁 … 大さじ1
A ┌ 粒マスタード、マヨネーズ … 各大さじ2
　└ 塩、こしょう … 各適量

作り方

① ハムは1cm角に切る。アボカドは種と皮を取って1cm角に切り、レモン汁をふる。

② 蒸しじゃがいもに①、Aを加え、もむように混ぜ合わせる。

POINT アボカドは変色を防ぐため、切ったらすぐにレモン汁をかけておく。

cooking ③

カレーポテサラ

材料｜2人分

蒸しじゃがいも（P46）の材料 … 全量
にんじん … 3cm
ツナ缶 … 小1缶（70g）
コーン（缶詰） … 大さじ4
A ┌ マヨネーズ … 大さじ2
　├ カレー粉 … 大さじ1と1/2
　├ 砂糖 … 小さじ1/3
　└ 塩、こしょう … 各少々

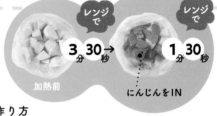

レンジで 3分30秒 → レンジで 1分30秒
加熱前　にんじんをIN

作り方

① にんじんは薄いいちょう切りにする。基本のポテトサラダの作り方（P47）②の要領で、じゃがいもを電子レンジで3分30秒加熱し、にんじんも加えて1分30秒加熱し、塩小さじ1/4を混ぜる。

② ①の粗熱がとれたら、缶汁をきったツナとコーン、Aを加え、袋の中でよく混ぜ合わせる。

cooking ④

マッシュポテト風ポテサラ

材料｜2人分

蒸しじゃがいも（P46）… 全量
クリームチーズ … 30g
A ┌ マヨネーズ … 大さじ2
　└ 塩、こしょう … 各少々
冷凍枝豆（解凍してさやから出したもの）… 大さじ3

作り方

① 蒸しじゃがいもが温かいうちにクリームチーズを加え、めん棒などでつぶすようにして混ぜる。Aを加えてさらに混ぜ、枝豆を加えて混ぜる。

レンジ加熱したじゃがいもが**熱いうちに**クリームチーズをプラス。じゃがいもをつぶしながら混ぜてチーズを全体になじませる。

かぼちゃで

かぼちゃ
正味200gの
場合

レンジで
4
分

加熱前

かぼちゃの基本の蒸し方・・・・・・・・・・・・

かぼちゃと一緒に水を少し加えるのがポイント。
蒸気で蒸されて、かたい皮までしっとり、やわらかに。

① ひと口大に切る

かぼちゃ（種とわたを取った
もの）200g はひと口大
に切る。

② 袋に入れ、水を加える

アイラップに ① を入れ、
水大さじ 1 を加える。

③ 電子レンジで加熱する

袋の先をねじって耐熱皿
にのせ、電子レンジで 4
分加熱する。

蒸しかぼちゃの完成
しっとり、やわらかに
蒸し上がり！

レンジ加熱したかぼちゃを
アイラップに入れたまま
ていねいにつぶして、
なめらか〜なスープに!

cooking ❶

かぼちゃの簡単スープ

蒸しかぼちゃで → レンジで **2**分

材料 | 2人分

蒸しかぼちゃ（左ページ）… 全量
牛乳 … 300㎖
A ┌ バター … 10g
　│ 顆粒コンソメスープの素
　│ 　　　… 小さじ1
　└ 塩、こしょう … 各適量

作り方

❶ 蒸しかぼちゃは、左ページの作り方❸の状態のまま電子レンジでさらに2分加熱する。

❷ ①を袋ごとふきんで包み、めん棒などでつぶす。

❸ ②を袋ごと耐熱ボウルに入れ、温めた牛乳とAを加え、アイラップの中でよく混ぜ合わせる。

くるみの香ばしさと歯ごたえ、
レーズンの甘酸っぱさをプラス。
かぼちゃがなめらかで、
カフェで味わうようなおしゃれ感。

cooking ❷

かぼちゃとくるみ、
レーズンのサラダ

蒸しかぼちゃで

材料 | 2人分

蒸しかぼちゃ（P50）… 全量
むきくるみ（ロースト）… 大さじ 3
レーズン … 大さじ 1
A ┌ マヨネーズ … 大さじ 2
　└ 練り辛子 … 小さじ 1

作り方

1 蒸しかぼちゃに粗くくだいたくるみ、
レーズン、Aを加え、アイラップの中
で混ぜ合わせる。

鍋で煮るとうまくいったり、
いかなかったり…。
そんなかぼちゃの煮ものも、
アイラップを使って
しっとり、ホクホクに。

cooking ③

かぼちゃの
煮もの風

蒸しかぼちゃで

材料｜2人分

蒸しかぼちゃ（P50）… 全量
┌ めんつゆ（3倍濃縮）
A 　… 大さじ3
└ 水 … 50㎖

作り方

① 蒸しかぼちゃが温かいうちにAを加えて
なじませる。

ブロッコリー・カリフラワーで

ブロッコリー
（小房に分けたもの）
1株分（200g）の場合

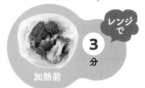

レンジで **3** 分

加熱前

ブロッコリー・カリフラワーの基本の蒸し方

小房に分けたら水洗いし、水けをつけたままアイラップへ。
水けをきりすぎると加熱の際に
水分がとびすぎてパサつくので気をつけて。

※ブロッコリーも、カリフラワーも、加熱の仕方は同様に行います。

カリフラワー
（小房に分けたもの）
1/2 株分（250g）の場合

レンジで **3** 分

加熱前

① 小房に分ける

ブロッコリー1株またはカリフラワー1/2株は小房に分ける。

② 袋に入れる

①を洗って水けをつけたまま、アイラップに入れる。

③ 電子レンジで加熱する

袋の先をねじって耐熱皿にのせ、電子レンジで3分加熱する。

◥ 蒸しブロッコリーの完成 ◤　◥ 蒸しカリフラワーの完成 ◤

しっとり、やわらかに
蒸し上がり！

マヨネーズと同量の
粉チーズを入れて、うまみ UP。
さっと作れて朝食の一品、
お弁当のおかずなどに重宝です。

cooking ①

ブロッコリーの
ツナマヨあえ

蒸しブロッコリー
で

材料｜2人分

蒸しブロッコリー（左ページ）… 全量
ツナ缶 … 小1缶（70g）
A ┌ マヨネーズ、粉チーズ … 各大さじ1
  └ こしょう … 少々

作り方

① 蒸しブロッコリーに、缶汁をきっ
たツナ、Aを加え、アイラップの
中であえる。

55

ガラムマサラなどを
使った本格インド風の味が、
アイラップに材料を入れて
レンチン&混ぜるだけで
いつでも楽しめます。

レンジで
3 → **3**
分   分

加熱前

cooking ②

カリフラワーのサブジ

材料｜2人分

蒸しカリフラワー（P54）の材料 … 全量
トマト … 1個

A
┌ にんにく（みじん切り）… 1かけ分
│ しょうが（みじん切り）… 1かけ分
└ クミンシード、ガラムマサラ … 各小さじ1

B
┌ 塩 … 小さじ1/2
│ オリーブ油 … 大さじ1
└ レモン汁 … 大さじ1

作り方

① トマトは粗みじん切りにする。

② 蒸しカリフラワーの作り方（P54）①
の要領で、アイラップに小房に分け
て洗ったカリフラワーを入れ、トマト
とAも入れる。袋の先をねじって耐
熱皿にのせ、電子レンジで3分加
熱する。

③ ②を取り出してかき混ぜ、再び袋の
先をねじって電子レンジで3分加
熱し、Bを加えてよく混ぜる。

PART 2

びっくり
おいしい！

アイラップでらくちん！

- - - - - - - - - - - - - - - - -

メインおかず

「肉」「魚介」「卵・豆腐」の人気の主菜を、アイラップでラク〜に作るレシピを提案します。肉じゃがやゆで豚など、おなじみのメニューもおまかせ！うまみがいっぱいで、見栄えもバッチリだから、きっと「作って」「食べて」満足できます。

肉で

ゆで豚やミートローフなどの肉のごちそうおかずも、アイラップにおまかせ。手間はかからないのに味は抜群で、きっと満足できます！

ポリ袋に入れて加熱した豚肉は切り口はきれいなローズ色でしっとりやわらかく、理想的な仕上がり。加熱後、湯につけたまま冷ますのがポイント。

湯せん
で

20 → 余熱
分　　人肌に
　　　冷ます

加熱前

ジューシー
ゆで豚

湯せん調理でじっくり火
を通すので、かたまり肉
もふっくら仕上がり、う
まみも逃しません。

材料｜作りやすい分量

豚肩ロースかたまり肉 … 300g

砂糖 … 小さじ1

┌ 塩 … 小さじ1/3

A 酒 … 大さじ1

└ しょうが（薄切り）… 3 枚

作り方

① アイラップに豚肉、砂糖を入れて袋の上からよ
くもみ、**A**を加えてさらにもみこむ。

② 袋の空気を抜いて先をねじり、上のほうで結
ぶ。耐熱皿を敷いて湯を沸かした鍋に入れ、
途中で上下を返して湯せんで 20 分ゆでる。
そのまま人肌になるまで冷ます。

③ 豚肉を食べやすく切って器に盛る。好みでカ
オマンガイ（P25）のソースをかける。

　★ゆで豚をカットして、まだ中が赤い場合はラップに
包み、600W の電子レンジで 1 分ずつ、様子を見な
がら加熱してください。

甘辛！ お手軽 ルーロー飯

湯せんで
20分

加熱前

材料 | 2人分

豚バラかたまり肉 … 300g

A
- しょうゆ … 大さじ 2 と 1/2
- 砂糖、酒、オイスターソース
  … 各大さじ1
- にんにく（すりおろし）… 1かけ分
- しょうが（すりおろし）… 1かけ分
- 五香粉（ウージャンフェン）… 小さじ1
- 水 … 大さじ1

ごはん … 茶碗 2 杯分
ゆで卵 … 1個
高菜漬け … 適量

作り方

①　豚肉は1cm角に切る。

②　アイラップに①、**A**を入れて袋の上からよくもみこむ。

③　袋の空気を抜いて先をねじり、上のほうで結ぶ。耐熱皿を敷いて湯を沸かした鍋に入れ、ときどき返しながら湯せんで 20 分ゆでる。

④　器にごはんを盛り、③、殻をむいて半分に切ったゆで卵、高菜漬けをのせる。

五香粉の独特の味と香りが
しっかりしみこみ、ごはんが
進む本格的な味わいです♡

味しみ肉じゃが

加熱前

湯せん
で
20
分

材料｜2人分

牛切り落とし肉 … 200g

じゃがいも … 2個

にんじん … 1/3本

玉ねぎ … 1/2個

さやいんげん … 5本

めんつゆ（3倍濃縮）
　… 大さじ4と1/2

酒 … 大さじ1と1/2

みりん … 大さじ1と1/2

作り方

1　じゃがいもは皮をむき、にんじんとともに小さめの
乱切りにする。玉ねぎは1cm幅のくし形切りにする。
いんげんは4cm長さの斜め切りにする。

2　アイラップにすべての具材と調味料を入れ、袋の
空気を抜いて先をねじり、上のほうで結ぶ。耐
熱皿を敷いて湯を沸かした鍋に入れ、ときどき
返しながら湯せんで20分ゆでる。

湯せん調理すると肉と野菜の
うまみが引き出されて絶品。
いもも煮くずれずホクホクに。

牛肉は切り落としで十分。
玉ねぎに薄力粉をまぶしておくと
ソースにも自然にとろみがついて
しっとりした口当たりに。

湯せん
で

20
分

加熱前

手間なし！
満腹ビーフストロガノフ

材料 | 2人分

牛切り落とし肉 … 200g
玉ねぎ … 1/2 個
しめじ … 1/2 パック
薄力粉 … 小さじ2
トマト缶（カットタイプ）… 1/2 缶（200g）
　┌ トマトケチャップ … 大さじ2
　├ ウスターソース … 大さじ2
A ├ 顆粒コンソメスープの素 … 小さじ1
　├ 塩、こしょう … 各少々
　└ 水 … 100㎖
ごはん … 茶碗2杯分
パセリ（みじん切り）… 適量

POINT

玉ねぎに薄力粉をまぶすことで、煮込ん
だようなとろみがつく。空気の入った袋で
上下にふって全体に行き渡らせ、だまのな
い均一な仕上がりに。

作り方

① 玉ねぎは薄切りにする。しめじは根
元を切ってほぐす。

② アイラップに玉ねぎ、薄力粉を入れ
る。空気を入れて口を持ち、袋をふっ
て全体に薄力粉をまぶす。

③ ②に牛肉、しめじ、トマト缶、Aを加
えて軽くもむ。袋の空気を抜いて先
をねじり、上のほうで結ぶ。耐熱皿
を敷いて湯を沸かした鍋に入れ、と
きどき返しながら湯せんで20分ゆ
でる。

④ 器にごはんを盛って③をかけ、パセ
リを散らす。

オーブンいらずのお手軽レシピ。
たねを混ぜるのも、成形も
アイラップ使いで
手が汚れず、片づけもラクに。

みそが決め手の
和風ミートローフ

加熱前 50分 湯せんで

材料｜直径21㎝のボウル1個分

合いびき肉 … 400g
玉ねぎ … 1/4 個
卵 … 1 個
パン粉 … 大さじ2
┌ みそ … 大さじ2
A 酒 … 大さじ1
└ 塩、黒こしょう … 各少々
うずら卵（水煮）… 9 個
ミニトマト … 適量

作り方

① 玉ねぎはみじん切りにする。

② アイラップに卵を割り入れ、袋の上からよくもみほ
  ぐす。ひき肉、①、パン粉、**A**を加えてさらによく
  もみこむ。

③ ②をボウルに入れ、袋の上から形を整える。袋
  を開き、うずら卵を円を描くように並べながら埋
  めこみ、表面に肉だねをかぶせて平らにならす。

④ 袋の空気を抜いて先をねじり、上のほうで結ぶ。
  耐熱皿を敷いて湯を沸かした鍋に袋を入れ、と
  きどき返しながら湯せんで 50 分ゆでる。器に盛
  り、ミニトマトを添える。

★ミートローフをカットして、まだ中が赤い場合は、切り
口をくっつけて袋に戻し、様子を見ながら、さらに湯せ
んで5分ほどゆでて火を通してください。

 POINT

小さめのボウルを型に
利用。肉だねの中の空
気が抜けるよう、袋の
上から手で押してドー
ム型に成形する。

厚みのあるミートロー
フ。まんべんなく火が
通るよう、ときどき上
下を返しながら湯せん
する。

魚介の調理もアイラップを使えばラクラク。比較的早く火が通るので、短時間の加熱で完成するのもうれしいところ。忙しい日でもサッと作れるものをご紹介。

子どもも食べやすい
ケチャップ入りの甘めのソースが
からんで、えびがまろやか。
先にえびに酒と片栗粉をもみこんでから
ねぎとソースを投入してもみます。

ぷりぷりえびマヨ

材料 | 2人分

むきえび … 250g
長ねぎ … 1/2 本
A ┌ 酒 … 小さじ1
  └ 片栗粉 … 小さじ1
B ┌ マヨネーズ … 大さじ3
  │ トマトケチャップ … 大さじ1
  └ 砂糖 … 小さじ1/2

湯せん
で

10
分

加熱前

作り方

① 長ねぎは1cm幅の斜め切りにする。

② アイラップにえび、Aを入れて袋の上からもみ、
長ねぎを加える。Bも加えて軽くもむ。

③ 袋の空気を抜いて先をねじり、上のほうで結
ぶ。耐熱皿を敷いて湯を沸かした鍋に入れ、
湯せんで10分ゆでる。

POINT

えびの下ごしらえもアイラッ
プで。酒と片栗粉を一緒に
もみこみ、臭みを除く。身
をつぶさないようにやさしく
袋の上からもみこんで。

ブイヤベースは湯せん調理向き。
袋の中で蒸し煮にした魚介は
ふっくら。具材のうまみが
溶け合ったスープも絶品です！

うまみたっぷり
簡単ブイヤベース

材料｜2人分

えび … 4尾
生たら … 2切れ
あさり（砂抜きずみのもの）… 100g
玉ねぎ … 1/4個
セロリ … 1/2本
ミニトマト … 3個
にんにく … 1かけ
オリーブ油 … 大さじ2
白ワインまたは酒 … 50mℓ
ローリエ … 1枚
塩、こしょう…各少々
水 … 50mℓ

湯せん
で

15
分

加熱前

作り方

① えびは尾を残して殻をむき、背わたを取る。た
   らは5cm幅に切る。玉ねぎは1cm幅のくし形切
   り、セロリは1cm幅の斜め切りにする。ミニトマ
   トは半分に切る。にんにくは半分に切って包丁
   の腹でつぶす。

② アイラップにすべての材料を入れ、袋の空気
   を抜いて先をねじり、上のほうで結ぶ。耐熱
   皿を敷いて湯を沸かした鍋に入れ、ときどき
   返しながら湯せんで15分ゆでる。

あさりは砂抜きして
よく洗って使用。あさりの
うまみを吸ったもやしが
またおいしいんです♡

あさりともやしの
酒蒸し

湯せんで

10
分

加熱前

材料｜2人分

あさり（砂抜きずみのもの）… 250g
もやし … 1袋
しょうが（せん切り）… 2かけ分
酒 … 大さじ1
塩 … 小さじ1/3
小ねぎ（小口切り）… 適量

作り方

1 アイラップにもやし、あさり、しょうが、酒、塩の順に入れる。

2 袋の空気を抜いて先をねじり、上のほうで結ぶ。耐熱皿を敷いて湯を沸かした鍋に入れ、湯せんで10分ゆでる（あさりが開いていなかったら、様子を見ながら、さらに加熱する）。

3 器に盛り、小ねぎを散らす。

かたくなりやすい
魚だからオリーブオイルを
まぶして加熱が正解！
かじきの新しい調理法に

しっとりかじきの
ガーリックソテー

湯せん
で

10
分

加熱前

材料｜2人分

めかじき … 2切れ
にんにく … 1かけ
砂糖 … 小さじ1
┌ オリーブ油 … 大さじ1
A 塩 … 小さじ2/3
└ こしょう … 少々
ベビーリーフ … 適量

作り方

① にんにくは薄切りにする。

② アイラップにめかじきを入れて砂糖をふり、袋の上から押さえるようにしてなじませる。①、A を加えてさらになじませる。

③ 袋の空気を抜いて先をねじり、上のほうで結ぶ。耐熱皿を敷いて湯を沸かした鍋に入れ、湯せんで10分ゆでる。器に盛り、ベビーリーフを添える。

卵・豆腐で

リーズナブルな卵と豆腐は、アイラップを使ってボリューム主菜に！　どちらも湯せんで間接的に加熱するからふんわり仕上げられます。

オムレツをカットすると、
ご覧のとおり具がたっぷり。
赤パプリカやブロッコリーなどの
カラフルな具を使って、
手軽なごちそうのでき上がり。

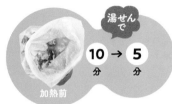

湯せん
で

10 → 5
分　　分

加熱前

具だくさん
スパニッシュオムレツ

材料 | 直径 21cmの
　　　　耐熱ボウル1個分

卵 … 6個
じゃがいも … 1/2個
赤パプリカ … 1/2個
ブロッコリー … 小5房
A ┌ ピザ用チーズ … 60g
　└ 塩、こしょう … 各少々

POINT

カットしたときに、具材がバランスよく見えて彩りよく仕上がるよう、卵液に具材を加えたら軽く混ぜる。

作り方

① じゃがいもは皮をむいて薄切りにする。パプリカは2cm角に切る。

② アイラップに卵を割り入れる。袋の上から卵を押しつぶし、よくもみほぐす。

③ 耐熱ボウルに②をのせ、①、ブロッコリー、**A** を加えてへらで軽く混ぜる。袋の空気を抜いて先をねじり、上のほうで結ぶ。

④ 耐熱皿を敷いて湯を沸かした鍋に袋を入れ、湯せんで10分ゆでる。いったん取り出し、耐熱ボウルに入れて袋の上から形を整える。再び鍋に袋を入れて湯せんで5分ゆでる（卵がかたまらないようなら、様子を見ながら、さらに加熱する）。

丸いボウルで作るから
ドーム型に、ふっくら
仕上がります！

ふんわり
豆腐つくね

湯せんで
15
分
（たれは5分）

加熱前

材料｜2人分

肉だね
- 絹ごし豆腐 … 1/2丁（175g）
- 鶏ひき肉 … 300g
- 長ねぎ（粗みじん切り）… 5cm分
- しょうが（すりおろし）… 1かけ分
- 片栗粉 … 大さじ3
- 塩 … 少々

たれ
- 砂糖 … 小さじ2
- 酒、しょうゆ、みりん … 各大さじ2
- 片栗粉 … 小さじ1

青じそ … 適量

作り方

① アイラップ2枚に肉だねの材料を半量ずつ入れてよくもみ、袋の上から小判形に成形する。袋の空気を抜いて先をねじり、上のほうで結ぶ。

② 別のアイラップにたれの材料を入れ、よくもみこむ。袋の空気を抜いて先をねじり、上のほうで結ぶ。

③ 耐熱皿を敷いて湯を沸かした鍋に①と②を入れ、肉だねは湯せんで15分、たれは5分ゆでる。器につくねを盛ってたれをかけ、青じそを添える。

鶏ひき肉になめらかな
絹ごし豆腐を合わせて、
しっとり、ふんわり。

POINT

肉だねをもみ混ぜるのも、成形も、袋の上から行うので、手も汚れずに簡単！

····· 調理から保存までおまかせ！ ·····

アイラップで作りおき

作っておくと便利な常備菜を、アイラップで調理して、そのまま保存。
すべての材料を袋に入れて湯せんするだけ、漬けるだけで
ごはんの友が作れます。お弁当のおかずにも重宝します。

加熱前

＼湯せんで／

10
分

保存期間
冷蔵 **5** 日

手間がかかりそうな乾物の
おかずもポリ袋調理なら簡単

ひじき煮

材料｜2人分

芽ひじき (乾燥) … 5g
にんじん … 40g
油揚げ … 1/2 枚
- 砂糖 … 小さじ 1
- 酒、みりん … 各大さじ1/2
A
- しょうゆ … 大さじ 1
- 水 … 大さじ 2

作り方

1 ひじきはたっぷりの水につけてもどす。にんじんはせん切りにする。油揚げは横半分に切り、縦に5mm幅に切る。

2 アイラップに①、Aを入れる。袋の空気を抜いて先をねじり、上のほうで結ぶ。耐熱皿を敷いて湯を沸かした鍋に入れ、湯せんで 10 分ゆでる。

ポリ袋漬けだから
少量のたれで味がなじむ

味卵

保存期間
冷蔵 **3** 日

\ 漬けるだけ /

材料｜4個分

ゆで卵 … 4個

A ┌ 砂糖 … 大さじ1
　├ しょうゆ … 大さじ2と1/2
　└ 水 … 大さじ4

作り方

1 アイラップに殻をむいたゆで卵とAを入れ、空気を抜いて口を閉じ、冷蔵庫に入れて一晩おく。

アイラップクッキングで
手軽にファイバー補給

きんぴら

保存期間
冷蔵 **5** 日

加熱前

\ 湯せんで /

15 分

材料｜2人分

ごぼう … 1本（150g）
にんじん … 1/2本（75g）

A ┌ 砂糖 … 大さじ1
　├ 酒、みりん … 各大さじ1
　├ しょうゆ … 大さじ2と1/2
　└ ごま油 … 小さじ1
七味唐辛子 … 適量

作り方

1 ごぼうは包丁の背で皮をこそげ、せん切りにする。にんじんもせん切りにする。

2 アイラップに①を入れ、Aを加えてもみこむ。袋の空気を抜いて先をねじり、上のほうで結ぶ。耐熱皿を敷いて湯を沸かした鍋に入れ、湯せんで15分ゆでる。器に盛り、七味唐辛子をふる。

PART 3

材料を入れて
もむだけ！

アイラップですぐでき！

- - - - - - - - - - - - - - -

野菜のおかず

「あともう1品あるといいな」「野菜が不足気味…」
というときにうれしい野菜の副菜も、アイラップで
パパッと調理！ 洋風のサラダやマリネも、和風や
エスニック風の漬けもの、あえものなども、アイラッ
プなら簡単に作れます。

野菜で食卓をカラフル&ヘルシーに
サラダ・あえもの

野菜と調味料をアイラップに入れて、もんだり、混ぜたり
するだけで1品でき上がり。そのまま保存もOK。

アイラップに入れて
30分ほどおいて、
味をなじませて。

キャロットラペ

アボカド+トマト
+レモン汁の
さっぱりサラダ。

アボカドサラダ

材料 IN 　保存期間　冷蔵 **3** 日

キャロットラペ

材料｜2人分

にんじん … 大1本（200g）
┌ 酢 … 大さじ1
│ オリーブ油 … 大さじ2
A│ 砂糖 … 小さじ1/4
└ 塩 … 小さじ1/4

作り方

① にんじんは、しりしり器またはスライサーでせん切りにする。

② アイラップに①、Aを入れて袋の上からもみこむ。空気を抜いて口を閉じ、30分以上おく。

材料 IN

アボカドサラダ

材料｜2人分

アボカド … 1個
トマト … 1/2個
玉ねぎ … 1/6個
レモン汁 … 大さじ1
塩 … 小さじ1/4

作り方

① アボカドは包丁で縦にぐるりと切り目を入れて半分に割り、種と皮を取って1〜2cm角に切る。

② トマトは粗みじん切りにし、玉ねぎはみじん切りにする。

③ アイラップに①、レモン汁、塩を入れる。アボカドを袋の上から粗くつぶし、②を加えて混ぜる。

POINT

アボカドを調味料とともに粗くつぶしてからトマトと玉ねぎを混ぜる。

衣作りにアイラップ。
ほろ苦いクレソンで
作るのが新鮮!

クレソンの白あえ

キャベツのコールスロー

酢を加えた
マヨネーズで
さっぱり!

クレソンの
白あえ

材料 IN

材料｜2人分

クレソン … 100g
木綿豆腐 … 1/2丁（175g）
　┌ 白練りごま … 大さじ1
　│ 砂糖 … 小さじ2
A │
　└ しょうゆ … 大さじ1

作り方

①　クレソンは1cm長さに切る。

②　アイラップに豆腐、Aを入れて袋の上
　　からもむようにつぶし、①を加えて混
　　ぜる。

POINT

あえ衣作りもアイラップに
材料を入れてももむだけだか
らラクラク。手が汚れず、
すり鉢などの道具も不要
で洗いものも激減！

キャベツの
コールスロー

材料 IN　　保存期間

冷蔵 **3** 日

材料｜2人分

キャベツ … 3～4枚（160g）
にんじん … 1/6本
ロースハム … 3枚
　┌ マヨネーズ … 大さじ2
　│ 酢 … 大さじ2
A │ 砂糖 … 小さじ1/2
　│ 塩 … 小さじ1/4
　└ こしょう … 少々

作り方

①　キャベツ、にんじんはせん切りにする。
　　ハムは小さめの短冊切りにする。

②　アイラップに①、Aを入れて袋の上から
　　もみこむ。空気を抜いて口を閉じ、10
　　分以上おく。

ポリ袋調理ならあっという間!
漬けもの・マリネ

アイラップに材料を入れてもみこみ、そのまま味をなじませるだけ。
冷蔵庫にストックしておくと何かと便利です!

シャキシャキと
歯ごたえがよく、
さわやかな味わい。

レモン大根

レンチンで味を
なじみやすくし、
彩りはそのままに。

パプリカのピクルス

材料 IN　保存期間　冷蔵 **3** 日

レモン大根

材料 | 2人分

大根 … 200g
レモン …1/4 個
A ┌ 酢 … 大さじ3
　│ 砂糖 … 大さじ1/2
　└ 塩 … 小さじ1/4

作り方

① 大根は皮をむいて1mm厚さのいちょう切り
にする。レモンは薄いいちょう切りにする。

② アイラップに①、Aを入れて袋の上からも
みこむ。空気を抜いて口を閉じ、30 分
以上おく。

材料 IN　保存期間　冷蔵 **5** 日

パプリカの
ピクルス

材料 | 2人分

パプリカ（赤・黄）… 各1個
A ┌ 酢 … 大さじ3
　│ 砂糖 … 大さじ1と1/2
　│ 塩 … 小さじ1/4
　│ こしょう … 少々
　└ ローリエ … 1枚

作り方

① パプリカは種とへたを取り、縦 1cm幅に切る。

② アイラップに①を入れ、袋の先をねじって耐
熱皿にのせ、電子レンジで 30 秒加熱する。

③ ②にAを加えて袋の上からもみこむ。空気を
抜いて口を閉じ、10 分以上おく。

POINT

はじめにパプリカを軽くレ
ンジ加熱することで、味が
なじみやすくなる。

セロリとたこの
マリネ

冷蔵 **2** 日

材料 | 2人分

セロリの茎 … 1/2 本
ゆでたこ … 100g
A ┌ すし酢 … 大さじ3
　 ├ オリーブ油 … 大さじ1
　 └ こしょう … 少々

作り方

1　セロリは筋を取って斜め薄切りにする。たこは薄いそぎ切りにする。

2　アイラップに①を入れ、**A**を加えて袋の上からもみこむ。空気を抜いて口を閉じ、10 分以上おく。

すし酢を使えば
おいしくてさわやか。
おつまみにも。

調味料は塩少しだけ。
ほぼ、塩昆布の
うまみでいい味に！

かぶと塩昆布の即席漬け

材料 IN

保存期間

冷蔵 **3** 日

材料｜2人分

かぶ（葉つき）… 2～3個（200g）
塩昆布 … 20g
塩 … 小さじ1/4

作り方

① かぶは実と葉を切り分け、実は皮をむいて縦半分に切り、薄切りにする。葉は1cm長さに切る。

② アイラップに①、塩昆布、塩を入れて袋の上からもみこむ。空気を抜いて口を閉じ、30分以上おく。

オイキムチ風

材料 IN

保存期間

冷蔵 **3** 日

材料 | 2人分

きゅうり … 2本
大根 … 100g
にんじん … 1/3 本（50g）

A
- にんにく（すりおろし）… 1かけ分
- しょうが（すりおろし）…1かけ分
- コチュジャン … 大さじ1
- 顆粒鶏ガラスープの素 … 小さじ1
- 砂糖 … 小さじ1

作り方

1. きゅうりは縦半分に切り、長さを3等分に切る。大根、にんじんは細めのせん切りにする。

2. アイラップに①、Aを入れて袋の上からもみこむ。空気を抜いて口を閉じ、30分以上おく。

> 野菜のせん切りは、
> スライサーを
> 利用しても OK。

辛うますっぱい
中華の漬けものを
手軽に！

材料 IN

保存期間

冷蔵 **3** 日

ラーパーツァイ

材料｜2人分

白菜 … 200g
しょうが（せん切り）… 2かけ分
塩 … 小さじ1/2
A ┌ 赤唐辛子（輪切り）… 1本分
　├ 酢 … 大さじ2
　├ 砂糖 … 大さじ1
　└ ごま油 … 小さじ2

作り方

① 白菜は横1cm幅に切る。

② アイラップに①、しょうが、塩を入れて袋の上からよくもみこむ。

③ 白菜がしんなりしたら、**A**を加えてさらにもみこむ。空気を抜いて口を閉じ、30分以上おく。

POINT

白菜を塩もみして水分を出してから、調味料を加えてもみこむ。

すぐに食べると
シャキシャキ、
少しおくとしっとり。

長いもの
めんつゆ漬け

材料 | 2人分

長いも … 200g
めんつゆ（3倍濃縮）… 大さじ2
塩 … 少々

≫ アレンジ recipe ≪

わさびや七味唐辛子を加えると、大
人っぽい味になります。長いもを切ら
ずに、アイラップに入れてすりこぎで
ひと口大に割るのもあり。

材料 IN

保存期間 冷蔵 **3** 日

作り方

1 長いもは皮をむいて5cm長さの短冊切
りにする。

2 アイラップに①を入れ、めんつゆ、塩を
加えて袋の上からもみこむ。空気を抜
いて口を閉じ、30分以上おく。

····アイラップをもっと使いこなそう····

アイラップレシピ Q&A

アイラップを使って調理するとき、「これ大丈夫?」と思ったら、
このページを check。気をつけたいことをまとめました。

Q アイラップを使って
材料を混ぜるとき、
気をつけることはありますか?

A 先のとがった調理器具の
使用や、力の入れすぎに
気をつけましょう。

フォークや先のとがった箸などは、
アイラップを傷つける可能性があり
ます。先の丸いスプーンやへら、で
きればシリコン製やプラスチック製
を使うと安心です。
また、力を入れすぎると破れたりす
る場合もあるので、やさしく扱ってく
ださい。

Q どうするとアイラップの中で
うまく材料を混ぜられますか?

A 手でもむように混ぜたり、
ふったりするのが
おすすめです。

たとえば肉に下味をつける場合は、
アイラップに材料を入れたら片手で
袋の途中を押さえ、もう片方の手
で袋の上から材料をもむようにして
味をなじませます(もむときに爪で
袋を傷つけないように気をつけてく
ださい)。
アイラップを利用して衣づけする場
合は、食材と薄力粉などを入れ、
空気を軽く入れて片手で袋の先の
ほうを押さえ、ふるだけで OK。手
が汚れずラクチンです。

Q レンジ加熱時の
アイラップの使い方に
コツはありますか?

A 必ず耐熱皿にのせ、
アイラップ内の蒸気が
ほどよく逃げるよう
先のほうをねじります。

アイラップに野菜などの食材を入れて電子レンジ
で加熱すると、中の空気が膨張します。袋の口
を結ぶと破損などの原因になるので、絶対に密
封しないでください。本書のレシピでは、袋の中
の蒸気をほどよく逃がしながら、蒸気を対流させ
るため、袋内にゆとりを持たせるようにして、先の
ほうを軽くねじって加熱しています。また、加熱の
際は、直接レンジに入れず、必ず耐熱皿にのせ
て行ってください。

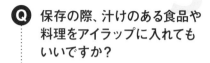

Q 材料の火の通りがイマイチ…。そんなときはどうしたらいいですか?

A アイラップに材料を戻し入れ、再加熱してください。

ブロック肉などの厚みのあるものは、湯せん加熱後に切ると、火の通りが不十分だった…ということがあるかもしれません。そんなときは、材料を再びアイラップに戻し、様子を見ながら湯せんで再加熱してください。または、材料をラップで包み、電子レンジで様子を見ながら少しずつ加熱してください。

Q 保存の際、汁けのある食品や料理をアイラップに入れてもいいですか?

A きちんと結んでおけば、基本的に大丈夫です。

汁もれはしにくいので、水分の多いものの保存にも利用できます。ただし、結び方がゆるかったり、アイラップが傷ついていたりすると汁もれの原因になるので、入れる前に確認しましょう。心配なときは、アイラップを二重にすると安心です。

Q アイラップで下味冷凍した食材の解凍法は?

A 基本的には冷蔵室で自然解凍。急ぐときはレンジで解凍も可能。

下味冷凍した食材を冷蔵室に移し、自然解凍するのが簡単で失敗の少ない方法です。急ぐときは、電子レンジでの解凍法も可能ですが、加熱ムラが起こりやすく、味や食感を損なう場合もあるので加熱時間は短めにして様子を見ながら行ってください。なお、レンジで解凍する場合は、袋の口を開け、必ず耐熱皿にのせて行ってください。

まとめ買いして
使い切る！

アイラップで
下味冷凍レシピ

「安いときにまとめ買いして冷凍保存」。おなじみのこの技を、
バリエーション豊富な味つけでご紹介。活用レシピも用意し
たので、「冷凍したのはいいけれど使いみちが…」なんて心配
もなし。冷凍＆調理には、もちろんアイラップを使って！

[下味冷凍の際に気をつけたいこと]

● 冷凍すると水分が膨張するため、食材を入れたアイラップを
ぴっちり密封して冷凍すると、マチが破れる場合があります。袋
に食材を入れたら軽く空気を抜き、先をねじるようにして結び、
袋の中のスペースに余裕をもたせて冷凍するのがポイントです。
特に、鶏肉などの水分を多く含む食材や、汁けの多いものを冷
凍する場合は、アイラップを二重にして使用すると安心です。

● アイラップで冷凍保存したものをレンジで解凍するときに、袋
がくっついた状態で凍ってしまい、口を開けられない場合があり
ます。その際は、はさみで口を切ってから解凍してください。

鶏肉2枚で

むね肉

もも肉

安くて使いやすいむね肉と、
うまみがあってジューシーなもも肉。
下味をつけて冷凍し、焼くだけ、湯せんするだけでメインおかずに。

鶏むね肉で下味冷凍
ヨーグルトカレー味

保存の目安
冷凍約 **1** か月

洋風おかずに使いやすく、子どもにも食べやすい味つけ。
ヨーグルトには肉の保水性を高める働きがあるから、
冷凍解凍後のパサつき防止にも◎。

材料｜2袋分／鶏むね肉2枚分

鶏むね肉 … 1枚 × 2

A ┌ プレーンヨーグルト … 大さじ3 × 2
　│ カレー粉 … 小さじ1 × 2
　└ 塩 … 小さじ1/3 × 2

鶏肉を切る

鶏肉はひと口大に切る。

鶏肉に下味をつける

アイラップを二重にしたものを2つ作り、鶏肉とAを半量ずつ入れ、それぞれ袋の上からもみこむ。

冷凍する

袋の空気を軽く抜き、先をねじるようにして結び、冷凍する。

冷凍後

cooking **1**

＼フライパンで焼くだけ！／
やわらかスパイシーな
タンドリーチキン

材料｜2人分

鶏むね肉ヨーグルトカレー味
　（左ページ）… 1袋
A ┌ にんにく（すりおろし）… 1かけ分
　├ トマトケチャップ … 大さじ1
　└ ガラムマサラ、しょうゆ … 各小さじ1
レモン（くし形切り）… 適量

作り方

1 鶏むね肉ヨーグルトカレー味は
解凍し、袋を開けてAを加え、
全体にもみこむ。

2 フライパンを中火で温め、①を
汁ごと入れて鶏肉の両面を焼き、
汁けをとばす。

3 ②を器に盛り、レモンを添える。

ヨーグルト風味の
カレー味が、なくてはならない
この料理。下味冷凍なら
しっかり味がしみこんで
本格的な味わいに！

cooking 2

\ 湯せんするだけ！ /

しっとりチキンのトマト煮

材料｜2人分

鶏むね肉ヨーグルトカレー味（P92）… 1袋

A
- トマト缶（カットタイプ）… 1/2 缶（200g）
- 玉ねぎ（みじん切り）… 1/4個分
- にんにく（みじん切り）… 1かけ分
- ウスターソース … 大さじ1

作り方

1. 鶏むね肉ヨーグルトカレー味は解凍し、袋を開けてAを加え、袋の上からもみこむ。
2. 袋の空気を抜いて先をねじり、上のほうで結ぶ。耐熱皿を敷いて湯を沸かした鍋に入れ、湯せんで20 分ゆでる。

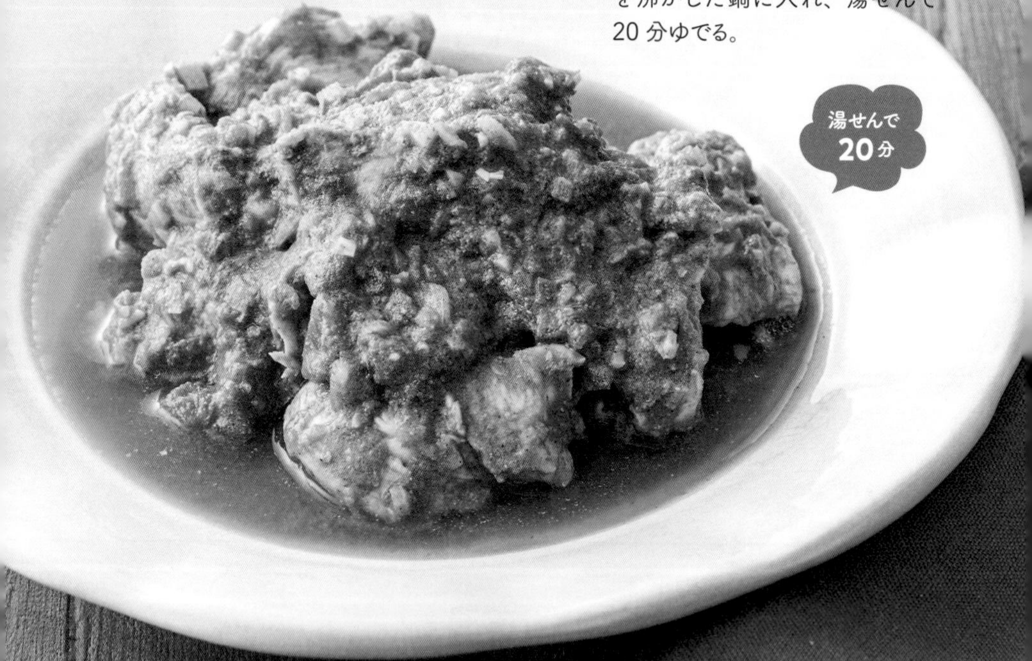

湯せんで
20分

じっくり煮こんだように見えて、
実は袋ごと鍋で湯せんしただけ！
トマト ＆ カレー風味で、
スープごとおいしくいただけます。

米から炊かず、ごはんを使った簡単レシピ。手抜きながら、味がよくしみこんだ鶏肉を使うので大満足の仕上がり。

湯せんで
20分

cooking ③

＼ 湯せんするだけ！ ／
炊かないカレーチキンピラフ

材料｜2人分

鶏むね肉ヨーグルトカレー味
　　（P92）… 1袋
玉ねぎ … 1/4個
赤ピーマン … 1個
顆粒コンソメスープの素 … 小さじ1
ごはん … 280g

POINT

下味をつけた鶏肉に野菜をミックスして湯せんで加熱。あとはごはんを混ぜるだけで完成。

作り方

① 玉ねぎはみじん切りにする。赤ピーマンは種とへたを取って粗みじん切りにする。

② 鶏むね肉ヨーグルトカレー味は解凍し、袋を開けて①、スープの素を加える。袋の空気を抜いて先をねじり、上のほうで結ぶ。耐熱皿を敷いて湯を沸かした鍋に入れ、湯せんで20分ゆでる。

③ 袋を開けてごはんを加え、混ぜ合わせる。

鶏もも肉で下味冷凍
照り焼き味

鶏肉に甘辛のしょうゆ味をしみこませて、
食べやすく、使いやすく。アイラップで
冷凍ストックしておけば、焼くだけ、揚げるだけで、
毎日の調理にお役立ち♪

材料 | 2袋分／鶏もも肉2枚分

鶏もも肉 … 1枚×2
A ┌ 酒、しょうゆ … 各大さじ1×2
　└ 砂糖、みりん … 各大さじ1/2×2

鶏肉を切る

鶏肉はひと口大に切る。

鶏肉に
下味をつける

アイラップを二重にしたも
のを2つ作り、鶏肉とAを
半量ずつ入れ、それぞれ
袋の上からもみこむ。

冷凍する

袋の空気を軽く抜き、先
をねじるようにして結び、
冷凍する。

冷凍後

cooking **1**

\ 揚げるだけ！/
甘辛ジューシー
鶏のから揚げ

材料｜2人分

鶏もも肉照り焼き味（左ページ）
　…1袋
片栗粉、サラダ油 … 各適量

作り方

1 鶏もも肉照り焼き味は解凍し、袋を開けて片栗粉をふり入れ、袋をふって肉にまぶす。

2 フライパンにサラダ油を深さ2cmほど入れて温め、①を揚げ焼きにする。

POINT

鶏肉を下味冷凍したアイラップに片栗粉を加えて肉にまぶせば、衣づけまで完了。手も汚れない。

冷凍しておけば、
テッパンの味がいつでも食卓に！
しかも、少ない油で
揚げ焼きすればいいから、
後片づけもラクチン。

97

cooking ❷

＼ 湯せんするだけ！ ／
ポリ袋で本格、筑前煮

湯せんで
20分

材料 | 2人分

鶏もも肉照り焼き味（P96）… 1 袋
ごぼう … 1/3 本
にんじん … 1/4 本
れんこん … 100 g
こんにゃく … 1/4 枚
干ししいたけ … 2 枚
A ┌ しょうゆ … 大さじ 2
  │ 酒 … 大さじ 1
  │ 砂糖 … 大さじ 1
  └ 水 … 100mℓ

作り方

1. ごぼうは 5mm 幅の斜め切り、にんじん、れんこんは小さめの乱切りにする。こんにゃくは両面に格子状の切りこみを入れ、2cm 角くらいに切る。干ししいたけは水につけてもどし、半分に切る。

2. 鶏もも肉照り焼き味は解凍し、袋を開けて①、Aを加え、軽く混ぜ合わせる。

3. 袋の空気を抜いて先をねじり、上のほうで結ぶ。耐熱皿を敷いて湯を沸かした鍋に入れ、湯せんで 20 分ゆでる。

和食の煮ものの代表、筑前煮が、
袋一つでおいしく完成。
確実に火が通るように
材料を小さめに切ったら、
あとはアイラップにおまかせ！

味がよくしみこんでいるから
ただ焼くだけで
すぐに食べられる状態に。
ツヤも出て、食欲をそそります。

cooking ❸

＼フライパンで焼くだけ！／

ツヤッと
照り焼きチキン

材料｜2人分

鶏もも肉照り焼き味（P96）… 1袋

作り方

① 鶏もも肉照り焼き味は解凍する。

② ①の袋を開け、中火で温めたフ
ライパンに汁ごと入れ、鶏肉の
両面を焼いて汁けをとばす。

豚しょうが焼き用肉12枚で

厚みのあるしょうが焼き用の豚肉は、
ボリューム感があるから、
ウスターソースやみそで
しっかり味つけしておくと◎。

豚しょうが焼き用肉

豚しょうが焼き用肉で下味冷凍
ウスターソース味

食べごたえのあるしょうが焼き用の肉を
ウスターソースで味つけし、スパイシーな味と
香りが食欲をそそるおかずの素に。

保存の目安
冷凍約 **1** か月

材料｜2袋分／豚しょうが焼き用肉 12 枚分

豚しょうが焼き用肉 … 6 枚 × 2
A ┌ ウスターソース … 大さじ 3 × 2
　└ 酒、しょうゆ … 各大さじ 1 × 2

①

豚肉に下味をつける

アイラップを二重にしたものを 2 つ作
り、豚肉と A を半量ずつ入れ、それ
ぞれ袋の上からもみこむ。

②

冷凍する

袋の空気を軽く抜き、先をね
じるようにして結び、冷凍する。

冷凍後

cooking **1**

\ 湯せんするだけ！ /
豚肉とパプリカの
炒めもの

材料｜2人分

湯せんで
10分

豚しょうが焼き用肉
　　ウスターソース味（左ページ）
　　… 1袋
玉ねぎ … 1/4個
赤パプリカ … 1/2個
A 酒、しょうゆ … 各小さじ1

作り方

1 豚しょうが焼き用肉ウスターソース味は包丁が入るくらいに解凍し、長さを3等分に切り、新しいアイラップに入れる。玉ねぎは薄切り、パプリカは縦に1cm幅に切って袋に加える。

2 ①に**A**を加えて軽くもむ。

3 袋の空気を抜いて先をねじり、上のほうで結ぶ。耐熱皿を敷いて湯を沸かした鍋に入れ、ときどき返しながら湯せんで10分ゆでる。

豚肉ともソース味とも
相性のいい玉ねぎをプラス。
カラフルなパプリカで彩りをよくし、
お弁当にも役立つおかずに。

＼ 湯せんするだけ！ ／
豚肉とゆで卵の煮もの

湯せんで
10分

材料 | 2人分

豚しょうが焼き用肉ウスターソース味（P100）… 1袋

　┌ しょうが（せん切り）… 2かけ分
A　砂糖、しょうゆ … 各大さじ1
　└ 水 … 100㎖

ゆで卵 … 2個

作り方

❶ 豚しょうが焼き用肉ウスターソース味は包丁が入るくらいに解凍し、長さを3等分に切る。

❷ 新しいアイラップに①と**A**を入れて軽くもみ、殻をむいたゆで卵を加える。

❸ 袋の空気を抜いて先をねじり、上のほうで結ぶ。耐熱皿を敷いて湯を沸かした鍋に入れ、ときどき返しながら湯せんで10分ゆでる。

POINT

下味をつけた豚肉に煮汁の材料をからめ、ゆで卵を投入して湯せんで加熱する。

ソース味がよくしみこんで
いるから、短時間の加熱で
煮こんだような仕上がり！
肉はもちろん、ゆで卵も
スパイシーな味と相性◎。

豚しょうが焼き用肉で下味冷凍
みそ漬け味

みそのうまみがしみこんだ豚肉は、
冷凍ストックしておくと何かとお役立ち！
解凍して焼くだけでもおいしく、
メインおかずになります。

材料｜2袋分／豚しょうが焼き用肉12枚分

豚しょうが焼き用肉 … 6 枚 × 2
A┌ みそ … 大さじ 2 × 2
 └ 砂糖、酒、みりん、しょうゆ … 各大さじ 1 × 2

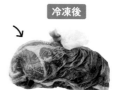
冷凍後

① 豚肉に下味をつける

アイラップを二重にしたものを
2つ作り、豚肉とAを半量ず
つ入れ、それぞれ袋の上から
もみこむ。

② 冷凍する

袋の空気を軽く抜き、先をね
じるようにして結び、冷凍する。

甘めのみそ味がしみこんだ肉を
香ばしく焼いた食べごたえの
ある1品。たれもおいしいから、
きっとごはんが進みます。

＼フライパンで焼くだけ！／
豚肉のみそ漬け焼き

材料｜2人分

豚しょうが焼き用肉みそ漬け味
　（左ページ）… 1袋
サラダ油 … 小さじ1

作り方

① 豚しょうが焼き用肉みそ漬け味
　は解凍する。

② フライパンにサラダ油を引き、①
　の豚肉を入れて広げる。中火に
　かけて肉の両面を焼く。

cooking ②

\ 湯せんするだけ！ /
ホイコーロー

湯せんで
15分

材料｜2人分

豚しょうが焼き用肉みそ漬け味
　（P104）… 1袋
キャベツ … 2枚
ピーマン … 1個
しょうゆ … 小さじ1

作り方

❶ 豚しょうが焼き用肉みそ漬け味は解
凍し、4等分に切る。キャベツはひ
と口大に切る。ピーマンは縦半分に
切って種とへたを取り、横4等分に
切る。

❷ 新しいアイラップに①の肉を入れ、
①の野菜としょうゆを加えてもみこ
む。

❸ 袋の空気を抜いて先をねじり、上の
ほうで結ぶ。耐熱皿を敷いて湯を
沸かした鍋に入れ、ときどき返しな
がら湯せんで15分ゆでる。

中華料理の人気メニューが、
野菜ともみもみして湯せんに
かければ、もう完成。
ノンオイルで
おいしく作れるのも魅力です。

豚ひき肉500gで

豚ひき肉

豚ひき肉は低価格で、使いみちが豊富。
洋風と中華風の2種類の下味をつけて冷凍しておけば、
人気おかずがいつでもパパッと作れます。

豚ひき肉で下味冷凍
ケチャップ味

保存の目安
冷凍約 **1** か月

ウスターソースをプラスして味を引き締めるから、
甘酸っぱくてスパイシー。パスタや卵料理など、
子どもが喜ぶ料理作りに大活躍。

材料｜2袋分／豚ひき肉500g分

豚ひき肉 … 250g × 2
A ┌ トマトケチャップ … 大さじ3 × 2
　└ ウスターソース、酒 … 各小さじ1 × 2

①

②

ひき肉に下味をつける

アイラップを二重にしたものを
2つ作り、ひき肉とAを半量
ずつ入れ、それぞれ袋の上か
らもみこむ。

冷凍する

袋の空気を軽く抜き、先をね
じるようにして結び、冷凍する。

冷凍後

cooking **1**

\ 湯せんするだけ！/
ミートソース

湯せんで
10分

材料｜2人分

豚ひき肉ケチャップ味（左ページ）
… 1袋
玉ねぎ … 1/4 個
にんにく … 1かけ
A ┌ トマトケチャップ … 大さじ1
 └ 水 … 50㎖

作り方

1 豚ひき肉ケチャップ味は解凍する。

2 玉ねぎ、にんにくはみじん切りにして①に加え、**A**も加えてもみこむ。

3 袋の空気を抜いて先をねじり、上のほうで結ぶ。耐熱皿を敷いて湯を沸かした鍋に入れ、ときどき返しながら湯せんで10分ゆでる。

ケチャップ味のひき肉料理といえば、このメニュー。玉ねぎなどを加えて袋の中で蒸し煮にするから煮こまなくてもおいしいソースに！

POINT

卵は解凍したひき肉＋玉ねぎの袋に直接割り入れて OK。袋の上からもむようにつぶしながら、肉とよく混ぜ合わせる。

cooking ②

\ フライパンで焼くだけ！/
チーズオムレツ

材料 | 2人分

豚ひき肉ケチャップ味（P108）… 1/2 袋
玉ねぎ … 1/8 個
卵 … 4 個
ピザ用チーズ … 40g
サラダ油 … 小さじ 1

作り方

❶ 豚ひき肉ケチャップ味は解凍する。

❷ 玉ねぎはみじん切りにし、①の袋に加えてよくもむ。卵とチーズも加え、さらにもむ。

❸ フライパンにサラダ油を引いて中火で温め、②を流し入れ、中心部を菜箸でよくかき混ぜる。肉に火が通り、かたまってきたら弱火にし、手前と奥を中央に寄せて閉じ、形を整える。返して器に盛り、あれば紫キャベツのせん切りを添える。

ケチャップ味の豚ひき肉と
とろ〜りチーズがたっぷり入って、
食べごたえあり!

豚ひき肉で下味冷凍
オイスターソース味

カキのうまみを含んで味が濃いめのオイスターソースと
酒やしょうゆでまろやかに味つけ。
豚ひき肉と合わせて
使いやすい万能中華味に。

保存の目安
冷凍約 **1** か月

材料 │ 2袋分／豚ひき肉 500g分

豚ひき肉 … 250g × 2

A
　┌ オイスターソース … 大さじ 2 × 2
　│ 酒 … 大さじ 1 × 2
　│ しょうゆ … 大さじ 1/4 × 2
　└ 塩 … 少々

ひき肉に
下味をつける

アイラップを二重にしたものを
2つ作り、ひき肉とAを半量ず
つ入れ、それぞれ袋の上から
もみこむ。

冷凍する

袋の空気を軽く抜き、先をね
じるようにして結び、冷凍する。

冷凍後

\ 湯せんするだけ！ /
中華そぼろ

**湯せんで
10分**

材料 | 2人分

豚ひき肉オイスターソース味
　（左ページ）… 1袋
A ⌈ みそ … 小さじ2
　└ 豆板醤 … 小さじ1

作り方

❶ 豚ひき肉オイスターソース味は解
　凍し、袋を開いてAを加え、も
　みこんで肉全体になじませる。

❷ 袋の空気を抜いて先をねじり、
　上のほうで結ぶ。耐熱皿を敷い
　て湯を沸かした鍋に入れ、湯せ
　んで10分ゆでる。

❸ 取り出して袋を開け、よく混ぜる。

オイスターソース味の
豚ひき肉にみそと豆板醤を加えた
食欲がそそられる味。
冷奴にトッピングしたり、
レタスで包んだりするのも◎！

肉だねをスプーンに
しぼり出してフライパンに
落とし、こんがり焼けば完成。
ゴツゴツした形もかわいい。

cooking ②

＼ フライパンで焼くだけ！ ／

中華風肉だんご

材料｜2人分

豚ひき肉オイスターソース味
　（P112）… 1袋
片栗粉 … 大さじ1
サラダ油 … 適量

作り方

① 豚ひき肉オイスターソース味は解凍し、袋を
開けて片栗粉を加え、全体にもみこむ。

② フライパンに深さ5mmほどまでサラダ油を入
れて温め、一度火を止める。①の袋の片方
の端を少し切り、肉だねを3cm大くらいに
スプーンにしぼり出しながらフライパンに入れ
る。

③ 肉だねを全部入れたら、中火にかけて両面
をこんがりと焼く。

オイスターソース味の
豚ひき肉をストックしておけば、
豆腐や香味野菜などの材料を
ぜ〜んぶ入れて加熱するだけ。
アツアツのごはんとどうぞ。

cooking ③

＼ 湯せんするだけ！ ／

麻婆豆腐

湯せんで
10分

材料｜2人分

豚ひき肉オイスターソース味
　（P112）… 1袋

A
　┌ 長ねぎ（粗みじん切り）… 5cm分
　│ しょうが（みじん切り）… 1かけ分
　│ にんにく（みじん切り）… 1かけ分
　│ みそ … 小さじ 2
　│ 豆板醤 … 小さじ 1
　└ 水 … 大さじ 2
片栗粉 … 小さじ 2
木綿豆腐 … 1/2 丁（175g）

作り方

① 豚ひき肉オイスターソース味は解凍し、袋を開け、Aを加えてもみこむ。片栗粉を加え、さらにもみこむ。

② 豆腐は1.5cm角くらいのさいの目に切る。

③ ②を①に加え、袋の空気を抜いて先をねじり、上のほうで結ぶ。耐熱皿を敷いて湯を沸かした鍋に入れ、湯せんで10分ゆでる。

④ 取り出して袋を開け、全体をよく混ぜる。

食材の下ごしらえ＆冷凍保存法便利帖

火が通りにくい根菜やいも類の下ゆではアイラップでレンチンが正解。耐冷にも優れるアイラップで冷凍しておくと重宝する食材の保存法も紹介します。

いも・野菜の下ごしらえ

食材のもつ水分で蒸すから、ゆでるよりうまみが強く、栄養もキープ。袋の中でそのまま調理もできてラクチン。

［ さつまいも ］

ゆでるより、レンチンのほうが水っぽくならず、自然な甘さとホクホク感を楽しめます。

\レンジで/
4
分 →

さつまいも1本（200g）は輪切りにし、水にさらして水けをきる。アイラップに入れて袋の先をねじり、耐熱皿にのせ、レンジで4分加熱。

つぶしてサラダに。きんとんやスイートポテトなど、スイーツ作りにもおすすめ。

［ 里いも ］

ネバネバして調理がめんどうに思いがちだから、まとめて下ごしらえしたほうがラク。

\レンジで/
5
分 →

里いも5個（200g）はよく洗って皮をむき、ひと口大に切る。アイラップに入れて袋の先をねじり、耐熱皿にのせ、レンジで5分加熱。

みそ汁や煮ものに。レンジで火を通しておけば、生から調理するよりずっと手軽。

[チンゲン菜・小松菜]

少しかために加熱しておき、煮ものや炒めものに加えてから軽く火を通せばOK。

加熱前

↘レンジで↙
1
分
30
秒
→

完成！

チンゲン菜 1 株（100g/ 小松菜なら 2〜3 株）は 4cm長さに切る。アイラップに入れて袋の先をねじり、耐熱皿にのせ、レンジで 1 分 30 秒加熱。

あえものもゆでる手間なしで、あえ衣であえるだけ。みそ汁や煮ものなどの仕上がりにプラスしても。

[れんこん]

薄切りにすれば加熱が短時間。変色が気になるなら、切ってすぐに酢水にさらしましょう。

加熱前

↘レンジで↙
3
分
→

完成！

れんこん 150 gは皮をむいて薄い半月切りにする。すぐにアイラップに入れて袋の先をねじり、耐熱皿にのせ、レンジで 3 分加熱。

肉類、ベーコンやソーセージなどの加工品を合わせて炒めものにしたり、汁ものの具に利用して。

[ごぼう]

れんこんと同様に薄切りにし、加熱を素早く！

加熱前

↘レンジで↙
3
分
→

完成！

ごぼう 150 gは土を洗い落とし、包丁の背で皮をこそげ、斜め薄切りにする。すぐにアイラップに入れて袋の先をねじり、耐熱皿にのせ、レンジで 3 分加熱する。

豚汁などの汁ものに。きんぴら風に甘辛く炒めたり、マヨネーズであえてサラダなどにも。

食材の冷凍保存法

少しずつ使う食材や料理の彩りに使う野菜、
薬味などは、使いやすく切ってアイラップに入れ、
冷凍しておくと、すぐに使えて便利!

保存の目安
すべて約1か月

[小ねぎ]

● 冷凍法
小ねぎは小口切りにし、アイラップに入れ、口
を結んで冷凍する。

● 使い方アイデア
凍ったままみそ汁や中華風のスープに加える。
炒めものや煮ものの仕上げに加えてもよい。

冷凍前　　冷凍後

[パセリ]

● 冷凍法
洗って水けをふき取り、手でちぎるかざくざくと
切り、アイラップに入れて口を結んで冷凍する。

● 使い方アイデア
凍ったまま手で細かくほぐし、コンソメスープや
ポタージュなどのトッピングに。肉や魚料理に散
らしてもよい。

冷凍前　　冷凍後

[水 菜]

● 冷凍法
水菜は洗って水けをよくきり、根元は少し切り落
として3～4cm長さに切る。アイラップに入れ
て口を結んで冷凍する。

● 使い方アイデア
油揚げなどを合わせて凍ったまま煮びたしにし
たり、みそ汁やスープの具に使う。

冷凍前　　冷凍後

[きのこ]

● 冷凍法
石づきを切り落とし、しめじはほぐし、えのきた
けは半分に切ってほぐす。アイラップに入れ、
口を結んで冷凍する。

● 使い方アイデア
豚肉や鶏肉、卵などを合わせて凍ったまま炒
めものに。みそ汁やスープに加えるのもよい。

冷凍前　　冷凍後

［ ミニトマト ］

● 冷凍法
ミニトマトはへたを取って水けをふき取り、アイラップに入れ、口を結んで冷凍する。

● 使い方アイデア
凍ったままスープに加えたり、パスタのソースに。ソテーして肉や魚料理のつけ合わせにも。

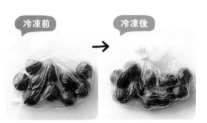

冷凍前 → 冷凍後

［ レモン ］

● 冷凍法
レモンはくし形切りにして種を取り除き、アイラップに入れ、口を結んで冷凍する。

● 使い方アイデア
解凍して肉や魚料理のつけ合わせに。ドレッシング作りなどに利用してもよい。

冷凍前 → 冷凍後

［ ピザ用チーズ ］

● 冷凍法
ピザ用チーズはアイラップに入れて平たくし、口を結んで冷凍する。

● 使い方アイデア
凍ったままグラタン、ピザ、トーストなどにのせて焼く。

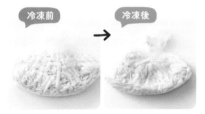

冷凍前 → 冷凍後

［ あさり ］

● 冷凍法
あさりは海水程度の塩水につけて砂抜きしてから、よく洗って水けをふき取る。アイラップに入れて平たくし、口を結んで冷凍する。

● 使い方アイデア
解凍せずに凍ったまま、酒蒸し、みそ汁やスープなどに利用を。パスタソースにも。

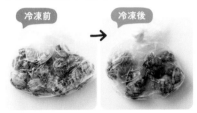

冷凍前 → 冷凍後

［ しらす干し ］

● 冷凍法
しらす干しはアイラップに入れて平たくし、口を結んで冷凍する。

● 使い方アイデア
解凍して大根おろしであえたり、凍ったままほぐしてチャーハンやかき揚げの具などに。

冷凍前 → 冷凍後

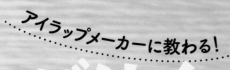

アイラップメーカーに教わる！
ごはんの炊き方

災害時にも役立つ！

耐熱性が高く、衛生的なアイラップ。
電気が使えない災害時でも、
カセットコンロがあれば
湯せん調理ができると、注目されています。
アイラップを使った炊飯法とポイントを、
アイラップのプロが紹介します。

◥ 教えてくれたのは ◤
岩谷マテリアル株式会社
坂本英明さん

おもに家庭日用品の企画開発や
デザインを担当。SNS運用責
任者でもあり、商品の魅力や情
報を広く発信している。2024年
より防災士として活動中。

材料｜1合分

白米 … 1合（180mℓ）
水 … 1.2合（210 〜 220mℓ目安）

白米：水＝1：1.2

容量200mℓの紙コップを用意しておく
と、計量カップの代わりに使えて重宝
します。防災対策に、アイラップと一
緒に備えておくのがおすすめです。

1 袋に米と水を入れる

アイラップに米を入れ、分
量の水を注ぐ。
★水が貴重な災害時、米
は研がなくても大丈夫。

2 口を結び、浸水させる

袋の空気を抜いて先をくる
るとねじり、上のほうで結ぶ。
20分おいて浸水させる。
★湯せんの際に袋が浮き
上がってこないよう、空気を
抜きます。

3 水を張った鍋に入れる

鍋に水を入れて耐熱皿を敷き、
②を入れる（水の量は米全体が
浸かるくらいが目安）。
★袋が高温の鍋底に触れると溶
けてしまう恐れがあるので、鍋底
や鍋肌につかないように注意。災
害時に耐熱皿がない場合は、ふ
きんやシリコン製のマット、金属製
のざるなどで代用しても。

4 炊く

ふたをして火にかけ、沸騰
したらふたを取る。湯が軽
くぽこぽこした状態の火加
減で、25分ほど加熱する。

5 蒸らす

袋を取り出し、10分ほど蒸ら
す。
★やけどに注意し、トングなど
を使って取り出してください。

6 ほぐす

キッチンばさみで口を切り、
ごはんをほぐす。

ほかほか
ごはんの
でき上がり！

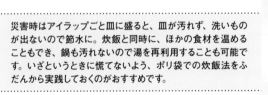

災害時はアイラップごと皿に盛ると、皿が汚れず、洗いもの
が出ないので節水に。炊飯と同時に、ほかの食材を温める
こともでき、鍋も汚れないので湯を再利用することも可能で
す。いざというときに慌てないよう、ポリ袋での炊飯法をふ
だんから実践しておくのがおすすめです。

アイラップ × 備蓄食材で
災害時でも作れるレシピ

備蓄しやすい食材を活用した、いざというときお役立ちのレシピ集。
たんぱく質、ビタミン、食物繊維など不足しがちな栄養もカバー。

缶詰で

缶詰のダブル使いでたんぱく質やビタミンを補給

さばトマパスタ

湯せんで
10分
加熱前

材料｜1人分

さば水煮缶
… 大1缶（180〜190g）
A トマト缶（カットタイプ）
… 1/2缶（200g）
水 … 50ml
塩 … 少々
スパゲッティ
（ゆで時間3分のもの）
… 100g
こしょう…少々

作り方

1 スパゲッティは半分に折ってアイラップに入れ、Aを加え（さば缶は缶汁ごと使用）、20分おく。

2 袋の空気を抜いて先をねじり、上のほうで結ぶ。耐熱皿を敷いて湯を沸かした鍋に入れ、湯せんで10分ゆでる。取り出して口を開け、こしょう、好みで粉チーズをふる。

切り干し大根とひじきのポン酢煮

乾物で

保存のきく乾物＋ポン酢でファイバーたっぷりおかずが完成

湯せんで
10分 → **余熱**
加熱前　　人肌に冷ます

材料｜作りやすい分量

切り干し大根 … 40g
芽ひじき（乾燥）… 10g
A 水、ポン酢しょうゆ … 各100ml

作り方

1 アイラップに切り干し大根、ひじきを入れ、Aを加えてもみこむ。

2 袋の空気を抜いて先をねじり、上のほうで結ぶ。耐熱皿を敷いて湯を沸かした鍋に入れ、湯せんで10分ゆでる。火を止め、そのまま人肌になるまで冷ます。

「災害時は高齢者を中心に便秘が深刻な問題に。水分の摂取量が減り、食物繊維も不足しがちになるので、切り干し大根や高野豆腐など乾物の活用がオススメです。温かい食事や甘味は張りつめた気持ちをやわらげ、ストレスの軽減につながるので、たとえば乾パンを活用したフレンチトーストやミルクがゆなどに砂糖を加えてもいいですね」（岩谷マテリアル株式会社 坂本さん）

加熱前

湯せんで **30**分 → 蒸らし **5**分

レトルトカレーで

カレーピラフ

材料｜2人分

レトルトカレー … 1袋（約180g）
無洗米 … 1合（180ml）
水 … 180ml

作り方

❶ アイラップに米と水を入れて20分以上おき、カレーを加えて軽くもむ。

❷ 袋の空気を抜いて先をねじり、上のほうで結ぶ。耐熱皿を敷いて湯を沸かした鍋に入れ、湯せんで30分ゆでる。取り出して5分蒸らす。

> カレーと米を混ぜて湯せんすれば目先が変わります

チョコレート蒸しパン

ホットケーキミックスで

材料｜作りやすい分量

ホットケーキミックス … 100g
ココアパウダー（無糖） … 小さじ2
水 … 120ml
卵 … 1個
サラダ油 … 大さじ1

作り方

❶ アイラップにすべての材料を入れ、よくもみこみながら混ぜ合わせる。

❷ 袋の空気を抜いて先をねじり、上のほうで結ぶ。耐熱皿を敷いて湯を沸かした鍋に入れ、ときどき返しながら湯せんで30分ゆでる。

加熱前　湯せんで **30**分

> 手軽に作れるスイーツでリラックス

アイラップが愛され続ける理由

アイラップ【公式】アカウントを運営する通称中の人さん。ユーザー目線の投稿が共感を得ています。アイラップが人気の理由やアイラップへの熱い思い、発信の際に心がけていることをうかがいました。

アイラップ【公式】✓
@i_wrap_official

ボヤキが SNS で話題に。知名度が飛躍的にアップ

アイラップが発売されたのは1976年。当時は電子レンジの普及率が低く、食品の温め直しは鍋か蒸し器で加熱するのが主流でした。ロール式のラップはすでに登場していて、「袋型のラップがあれば便利。複数のおかずも同時に湯せんで温められる」という発想から、耐熱性のある袋の開発に至りました。その後、海外品や類似品の参入によって売り場が縮小し、全国から徐々に消えていきました。一方、石川、富山、福井、山形、新潟の日本海側5県では、地元のスーパーや卸業者の協力により、ポリ袋をアイラップと呼ぶほど普及しています。売上の75％がこの地域である事実を2018年にTwitter（現在のX）でぼやいたところ、SNSで話題に。全国の人が「アイラップって何？」と驚き、普及地域では「アイラップ、知らないの!?」と驚き、両方の驚きがバズってメディアにも注目され、一躍、認知度がアップしました。

災害など時代のニーズに
合わせた活用法も発信

東日本大震災以降、ポリ袋が防災に役立つと広く認識され、加えて、ポリ袋調理の人気が高まる中、アイラップがバズったことで、「昔からぴったりの商品があったんだ」と、改めて注目されているのだと思います。アイラップは元々調理を前提としていませんが、世の中のトレンドや意識の変化は認識しているので、ユーザーさんの使い方を吸収し、発信・リポストを行っています。唯一、ご紹介できるのが炊飯法（P120）で、被災された方から、おかげで温かいごはんが食べられたと感謝の言葉もいただきました。アイラップは親から子、そして孫へと長くご愛用いただいている商品なので、今後も変わらず販売していきますが、災害が増えているので防災面でも力を入れて取り組み、アイラップのあり方が生活のお役に立てればと考えています。アイラップを一つ多めに買ってローリングストックし、いざというときに活用して不安を軽減できればと思います。

主材料別 INDEX ［＊材料項目内のメニュー名は、掲載順です。］

協力　岩谷マテリアル株式会社

STAFF

撮影	深澤慎平　野口祐一
スタイリング	坂上嘉代
装丁・デザイン	高橋久美
取材・文	三浦良江
ライティング協力・校正	海老原牧子
校正	聚珍社
制作協力	三栄産業株式会社
企画・編集・文	鹿野育子

アイラップで簡単レシピ

2024年6月4日　第1刷発行
2024年9月17日　第5刷発行

著　者	橋本加名子
発行人	土屋　徹
編集人	滝口勝弘
発行所	株式会社Gakken
	〒141-8416　東京都品川区西五反田2-11-8
印刷所	大日本印刷株式会社
ＤＴＰ	グレン

●この本に関する各種お問い合わせ先
本の内容については、
下記サイトのお問い合わせフォームよりお願いします。
　https://www.corp-gakken.co.jp/contact/
在庫については　Tel 03-6431-1250（販売部）
不良品（落丁、乱丁）については　Tel 0570-000577
　学研業務センター
　〒354-0045　埼玉県入間郡三芳町上富279-1
上記以外のお問い合わせは
Tel 0570-056-710（学研グループ総合案内）

●アイラップ（製品）に関するお問い合わせ先
岩谷マテリアル株式会社　お客様相談室
TEL 03-3555-3214

学研グループの書籍・雑誌についての新刊情報・詳細情報は下記をご覧ください。
学研出版サイト　https://hon.gakken.jp/

橋本加名子（はしもと・かなこ）

料理研究家、栄養士、フードコーディネーター、国際薬膳調理師。海外留学、海外商社勤務時代からアジアの料理を幅広く学ぶとともに、懐石料理教授の母より懐石料理を学ぶ。企業に所属し、六本木ヒルズなどのレストランの開業、レストランフードコーディネート、冷凍食品開発などを経て独立。あらゆるジャンルの料理レシピ開発、料理教室講師、企業の商品開発・プロデュース・コンサルティングなどに従事し、メディアでも活躍。企業に勤めながら子育てをした経験から、「簡単だけど手抜きではない。体にやさしい」家庭料理を得意とする。『魔法の万能調味料！玉ねぎ麹レシピ』『ホットクックお助けレシピ』シリーズ（すべて河出書房新社刊）、『老けない体をつくる！たんぱく質の10分おかず』（ART NEXT刊）など著書も多数。
おいしいスプーン
https://oishi-spoon.com

撮影協力　須永久美
調理アシスタント　中村さえこ